GUANG RE JIAO ZHI DE JIN DAI ZHAN ZHENG

光热交织的近代战争

刘 军 邵 朵 / 编著

吉林人民出版社

图书在版编目(CIP)数据

光热交织的近代战争 / 刘军, 邵朵编著. -- 长春：
吉林人民出版社, 2012.7
（军事五千年）
ISBN 978-7-206-09176-6

Ⅰ.①光… Ⅱ.①刘… ②邵… Ⅲ.①步兵 – 作战方法 – 世界 – 近代 – 通俗读物 Ⅳ.①E151-49

中国版本图书馆CIP数据核字(2012)第160901号

光热交织的近代战争
GUANGRE JIAOZHI DE JINDAI ZHANZHENG

编　　著：刘军　邵朵	
责任编辑：赵梁爽	封面设计：七　洱

吉林人民出版社出版 发行（长春市人民大街7548号　邮政编码：130022）

印　　刷：北京市一鑫印务有限公司
开　　本：670mm×950mm　　1/16
印　　张：12　　　　　字　　数：90千字
标准书号：978-7-206-09176-6
版　　次：2012年7月第1版　　印　　次：2021年8月第2次印刷
定　　价：38.00元

如发现印装质量问题，影响阅读，请与出版社联系调换。

目录 CONTENTS

格拉纳达战役 …………………………………… 001

英格兰内战 …………………………………… 005

克伦威尔和铁骑军 …………………………………… 012

彼得大帝 …………………………………… 018

北方战争 …………………………………… 023

列克星敦战斗 …………………………………… 028

开国元勋华盛顿 …………………………………… 031

美国南北战争 …………………………………… 035

拿破仑 …………………………………… 041

加里波第 …………………………………… 066

墨西哥独立战争 …………………………………… 074

西蒙·玻利瓦尔 …………………………………… 078

圣马丁 …………………………………… 082

印度民族起义 …………………………………… 086

詹西女王 …………………………………… 092

铁血宰相 …………………………………… 096

色当惨败 …………………………………… 102

目录 CONTENTS

军事家毛奇	106
倒幕战争	109
日俄战争	112
萨拉热窝事件	114
史里芬计划	121
坦仑堡战役	126
加利波利登陆	131
凡尔登会战	137
第一次世界大战结束	140
平定三藩之战	144
萨布素抗俄	147
第一次鸦片战争	150
关天培	153
太平天国的杨秀清	157
第二次鸦片战争	160
谅山大捷	164
收复新疆之战	167

目录 CONTENTS

中日甲午战争 …………………………………170

爱国将领丁汝昌 …………………………………174

聂士成大义抗联军 …………………………………178

沙俄入侵东北之战 …………………………………181

英军入侵西藏之战 …………………………………184

格拉纳达战役

西班牙在14世纪和15世纪中，分为阿拉贡和卡斯提尔两个王国。此外，还有些地方被阿拉伯人统治，其中格拉纳达就是一个。从1485年至1492年间，阿拉贡、卡斯提尔与格拉纳达之间发生的长达7年的战争，就是有名的格拉纳达战役。

公元1479年，卡斯提尔女王依莎贝拉与阿拉贡国王菲迪南结婚，菲迪南顺应时代要求，对阿拉贡与卡斯提尔实行了联合统治，两个王国合并为一体，实现了政治统一。当时西班牙的版图从比利牛斯半岛到巴利阿利群岛、西西里岛、撒丁到南部意大利。

女王依莎贝拉是个狂热的天主教徒，注重实效的政治家。她勇猛顽强，左右着西班牙的军队，支配着整个西班牙。

1481年12月16日，格拉纳达国王阿布尔哈山带兵袭击查哈拉镇，杀死查哈拉镇的守兵，对居民大肆抢劫。菲迪南带兵去支援，击退格拉纳达军队。

1482年2月28日，格拉纳达国王阿布尔哈山带领一支强大陆军围困阿拉马镇，断绝粮源，使阿拉马镇陷于饥饿之中。后来菲迪南带兵来到阿拉马城外，并决定动用炮兵轰击。阿布尔哈山见势不妙，撤兵逃走，菲迪南带大军进驻阿拉马镇。后来菲迪南军队在一次战斗中，俘虏了格拉纳达国王的侄儿巴布地尔。为了分化格拉纳达，菲迪南释放了巴布地尔，而巴布地尔答应菲迪南的条件是每年向西班牙进贡，允许西班牙军队自由过境。为了对付格拉纳达，菲迪南决定改变军队的精神状态，借用宗教的动力来武装士兵。

早在西班牙攻占阿拉马后，教皇六世西克塔斯曾经特别高兴地赠送给菲迪南一面神旗和一枚巨大的银质十字架，表示对他们在阿拉马战役中胜利的赞扬。在这以后的多次战争中，菲迪南都携带着神旗和十字架，以此来炫耀自己的胜利，并以宗教的名义维护军队纪律，鼓舞军队士气。其次，在作战方法上做些改革。格拉纳达是个山地国家，道路不多，暗堡较多，针对这种情况，依莎贝拉改变了过去依靠骑兵作战的方法，而主要依靠步兵、工兵和炮兵，尤其是炮兵。依莎贝拉特别注意军队后方勤务工作。她改编西班牙军队的办法是建立新型陆军，又雇佣最有战斗力的瑞士兵，增强西班牙的军事力量。与此同时，依莎贝拉又组建成大炮兵，建立补给纵队，保证供给。此外她还组建了破坏兵团。最具独创性的是在军队中建立了野战通信队和野战医护组，这是野战军编制的一次革命。经过一番苦心改良后，军队编制健全，装备先进，战斗力明显提高，西班牙军队迅速成为第一流的军队。

格拉纳达国王阿布尔哈山也积极组建军队，千方百计向外求援，首先是与摩洛哥建立了联系。

1485年，菲迪南的军队改革完成，于是带兵出征。为了攻占格拉纳达,他决定首先攻取马拉加和阿尔米里亚,以切断格拉纳达与摩洛哥的联系。

1487年4月7日,西班牙军队到了费里兹城下,大兵压境,费里兹城投降。接着,菲迪南指挥大军封锁了马拉加城,并切断了该城与外面的联系。他们组织工兵挖通道,命令炮兵加强火力,猛轰城墙。依莎贝拉亲临前线,为士兵鼓舞士气。西班牙炮兵连日猛攻,使城墙遭受严重破坏,城内因与外面联系被切断,许多人被饿死,马拉加城陷于极端困难中。最后在无路可走的情况下,守城将领哈米特打开城门,献城投降,接着吉贝尔法罗也举旗投降。

1488年6月,菲迪南带兵直取阿尔米里亚,但因为该城防守严密,城墙坚固,所以没有攻克。直到第二年,又派兵去围困巴查城,又遇上寒冬,菲迪南命令大军修建茅舍,拟长期围困。后勤供应由依莎贝拉亲自指挥。菲迪南带8万名步兵和1.5万名骑兵,层层围困,巴查城内无粮草外无援助,最后投降。马拉加和巴查城接连失守,对格拉纳达是个沉重打击。

格拉纳达城是阿拉伯人统治的最大国家。格拉纳达城位于尼华达山脉脚下的两个丘陵上面,中间有两条河,一条是尼尔河,一条是达罗河。在小山顶上有两个要塞,一个是阿拉门布拉,一个是阿尔拜卒。城的四周有坚固的城墙,在城墙上有很多堡垒,堡垒里面有火力控制着城外。在阿拉门布拉要塞的四周是一片开阔地,能伸延向很远的地方。这座城是一座坚固的难攻易守的城市。

从1490年开始，西班牙军队开始毁坏城西的平原，又进一步把城外的小村镇夷为平地，这无疑把格拉纳达的供应地给毁坏了。

1491年，西班牙军队在护城墙下扎营结塞，决心与格拉纳达战斗到底。格拉纳达面对西班牙大军压境的形势，守将巴布地尔要与菲迪南议和，经谈判双方同意休战70天。11月25日，双方再次谈判，结果限于60天内投降，格拉纳达交出要塞和武装。而菲迪南同意格拉纳达保留自己的财产、法律、宗教，而城里的官吏以后任免须经西班牙国王派出的总督格拉纳达认可。

1492年春天，格拉纳达终于投降，守将巴布地尔亲手把城门钥匙献给西班牙国王菲迪南。然后，城门大开，菲迪南拿着巨大的银光闪闪的十字架，带领大军进入格拉纳达城。经过7年的争战，到此。格拉纳达宣布灭亡，西班牙境内阿拉伯人的统治宣告结束。

从此，西班牙王国作为强国而跻身于欧洲强国之林。菲迪南和依莎贝拉成为西班牙强国的奠基人。依莎贝拉的军事改革在世界军事史中，更占有光辉的一页。

英格兰内战

17世纪初,英国资产阶级、新贵族与封建专制制度、教会间的矛盾尖锐化。1628年国会向国王查理一世提出一份权利请愿书,要求不经国会批准,国王不得强行征税和借债。查理被迫签字,但并不想遵守。第二年查理便悍然解散国会,实行独裁,并征收船税等新税、大量出售日用品专卖权。结果闹得民怨沸腾。

1640年,查理一世决定攻打苏格兰和爱尔兰。为了筹集军费,他又准备向国民征收新税。然而,他已经有了教训:不经国会批准,新税很难征收。于是,查理责成国会恢复活动,并马上开会,讨论征收新税的事。

征收新税的议案一提出,会场登时哗然。议员们纷纷谴责国王这种进一步加强民众负担的做法。新议员汉普敦和上届国会领袖皮姆的态度尤为激烈、明朗。会议最后通过如下决议:一、否决国王征收新税的诏书;二、逮捕审判国王宠臣、镇压百姓的斯特拉福;三、宣布国会是常设的,国王无权停止国会活动。

显而易见,国会是在跟国王对着干。其实,这已经不是第一次了——11年前,国会之所以被国王勒令停止活动,正是因为它站在了国王的对立面。那么，国会与国王的关系为什么搞得这样僵呢？原来，国会的多数议员，都是新兴资产阶级贵族的代表，他们要求发展工业和对外贸易，要求民主和自由，这恰恰是封建主的最高头目——国王所不能接受的。国王为了维持封建专制统治、随心所欲地搜刮民脂民膏，以满足其穷奢极侈的王室腐败生活开支，焉能容忍国会这些针锋相对的做法！

然而，广大工人、手工业者及多数其他民众却站在国会一边。成千上万的市民上街示威，支持国会决议。

1641年3月，国会下令逮捕斯特拉福和另一个国王宠臣，并判处斯特拉福死刑。这件事大快人心，而国王却坚决反对。他派遣密使前往北方的约克城，命令驻军司令马上率军来伦敦，用武力解散国会，并解救斯特拉福。市民们闻讯大哗。5月12日，20万愤怒的群众包围了王宫，声讨国王的倒行逆施行径。

王宫淹没在人海之中，群众愤怒的吼声震天动地。查理登高一望，顿时吓出了一身冷汗。他头昏，浑身发抖，半天才镇定下来。他气急败坏地命令侍卫长："快，快！赶快给我镇压，……杀……杀……都给我杀掉……"

"陛下，使不得呀！他们有好几十万人，我们只有几百人。怎么能抵挡得住呢？还是另想办法吧。"

"要不，我们逃出去，去约克……回来再和他们算账！"

"我们几百个人，冲出去不是等于白白送死吗……"

"这也不行，那也不行，难道只能等着他们冲进来，杀死我们吗？"国王急不可耐了。

"他们说了：只要陛下同意处死斯特拉福大臣，宣布不再解散国会，就马上解围。陛下，只好先答应他们的要求……"

"坚决不答应，哪有国王向臣民们投降的道理！"

这时，宫外"冲进宫去！"、"处死斯特拉福！"及"支持国会！"等呼声越来越高。一些群众已经开始撞击宫门了。查理万般无奈，最后只好颤抖着在国会《决议》上签了字。万人痛恨的奸臣斯特拉福，在唾骂声中被斩首了。伦敦沸腾了，市民们万人空巷地欢呼胜利。

王宫解围后，查理迫不及待地招募勇士、壮丁，迅速地扩大了他的卫队。他又神气起来，经常派武装卫队上街耀武扬威，向市民们挑衅。市民们则针锋相对地组织了一支强大的民兵队伍，也上街操练、检阅，与国王卫队分庭抗礼。

查理再也不能容忍臣民们这"大逆不道"的举动了。1642年1月4日，他亲率武装卫队，杀气腾腾地冲进国会，企图逮捕皮姆和汉普敦等5名骨干议员。岂料国会早有准备。查理一伙一冲进国会大厦，"呜呜"的警报声便响了起来。查理还在惊愕之时，伦敦的武装民兵们，已经从四面八方向国会大厦开来。在侍卫长的提醒下，查理只得带队撤离。他们在途中又撞上了武装农民的队伍。农民们是前来支持议会的。查理害怕了，不敢轻举妄动了，他乖乖地退回王宫。

　　查理在伦敦待不下去了。1月10日,他带着一些随从和侍卫偷偷地出奔约克城。他打算到那里组织军队,镇压造反的伦敦市民、对付国会。同时,伦敦的国会也组建了武装卫队,掌握了行政、军事大权,加强民兵力量,准备迎战卷土重来的查理。

　　半年多以后,查理卷土重来了。8月22日,查理率领他在约克郡组建的武装卫队,气势汹汹地开向伦敦。

　　尽管他的卫队只有数百人,臣子们也劝他不要冒险,但查理胸有成竹,他决心"向国会开战",高喊"我们一定胜利!",发誓一定要"直捣伦敦!"原来他抓住了国会内部不团结的弱点,因而不把数十倍于自己的伦敦民兵看在眼里。

　　内战爆发了。战争初期,国会内部不团结,意见分歧很大,长老会派企图向国王妥协,而且有些长老会派议员暗中同国王谈判(未果),从而大长了国王和国王军的威风。这样,国王军迅速壮大,气焰越来越嚣张;而国会军则屡次受挫,节节败退。

　　1644年7月2日傍晚,两军在英格兰北部的马斯顿遭遇,展开激战,这就是马斯顿战役。

　　正当两军酣战之时,克伦威尔率领他的"铁骑军"杀上阵来。铁骑军士兵身骑高大的骏马,手举锋利的马刀,犹如天兵天将,勇猛异常。王军吓得抱头鼠窜,四散奔逃。铁骑军很快就把国王军重重包围起来,骑兵们挥舞着马刀,如同割草刈麦一样，杀得国王军尸横遍野。一场恶战，国王军4000多人丧命，1500多人当了俘虏，王军遭到惨败。

然而，国王军仍在顽抗，而且后来竟又连打了几次胜仗。这当然还是那些长老会派分子左右摇摆，甚至吃里爬外的结果。在独宴派议员和军官们的坚持下，国会决定派克伦威尔和曼彻斯特等将领，兵分几路夹击国王军，以期彻底消灭国王军。国王军果然被包围了。不期曼彻斯特这个妥协分子，竟网开一面，放走了国王。

克伦威尔等独立派军官和议员们气愤极了，大家一致要求改组军队，长老会派和妥协分子毕竟是少数，他们终于被清除于国会军之外。克伦威尔被委任为国会军副总司令，领中将衔。

当时的国会军，共有21000兵力，克伦威尔就任副总司令后。首先着手整顿军队，制订了严格的军纪，从而使国会军成为一支纪律严明的军队，称为"新模范军"。百姓们都自愿参军，军队的素质和战斗力大大提高了。

1645年6月14日晨，国王军与议会军在英格兰中部的纳斯比村附近，展开了决战。查理一世亲自指挥国王军向国会军展开猛攻，他企图以闪电战突破国会军阵地。开始时，他果然占了上风，国会军前部败退。正当国王军追击国会军副将时，克伦威尔的骑兵，却击其不意地从敌军右翼杀了上来。国王军右翼不堪一击，很快就溃败了。克伦威尔立即率骑兵插入国王军背后。国会军大获全胜，国王军主力被歼灭了，但查理一世却溜掉了。这一仗，国王军惨败，大伤元气，5000多人被俘。国会军不但缴获了国王军的全部军械、辎重，而且缴获了查理一世私通外国的大量信件，使他的叛国罪行暴露无遗。国王军虽然在纳斯比战役中遭到惨败，但尚存一定残余兵力。1646年，克伦威尔又率国会军攻克国王军的大本营——牛津城。查理一世化装逃往苏格兰。1647年2月，国会花了40万英镑巨资，将逃到苏格兰的查理"赎买"回来。不期后来查理又越狱逃出，出奔苏格兰，并勾结苏格兰人，发动了第二次内战。但他仍然以失败而告终，并重新落入人民大众手中。

经过严肃的公开审判，查理一世被判处死刑。1649年1月30日，是十恶不赦的查理的末日。处决他的刑场设在王宫广场。在广场中间高高地装设了一个断头台，威武雄壮的铁骑兵，整齐地排列在断头台旁。伦敦市民几乎都赶来观看这历史"奇观"了。人们翘首以待，都想看一看这个昔日威风凛凛、不可一世的国王，此时是怎样一副模样。

耷拉着脑袋的查理一世，跟跟跄跄地被押到广场中央。最高法庭的大法官高声宣判道："查理是暴君、叛徒、杀人犯和人民公敌，证据确凿，判处死刑！"话音一落，民众们立即欢呼起来，齐声叫好。

"时间到，执行死刑！"监刑法官高声下达行刑令。早已魂飞魄散、面无人色的暴君，立刻被推上断头台。只听得"咔嚓"一声，雪亮的钢刀落下，一颗罪恶累累的人头从断

头台上滚落下来!

当年5月,国会根据民意宣布改国体为共和国。

克伦威尔和铁骑军

我们在《英格兰内战》一文中,曾提及克伦威尔统率的骑兵,作为国会军的一部分,在国会军与国王军的几次重大战役中起了决定性作用,大败国王军的事。本文就详细地介绍一下克伦威尔和他的"铁骑军"。

奥利沃·克伦威尔,于1599年4月25日生于英格兰杭廷登郡的一个乡绅家庭。他的祖辈在16世纪的宗教改革中,从天主教会夺得大片土地,因而发了家。1616年,17岁的克伦威尔进入剑桥大学,学习自然科学和历史。第二年其父病故,他告别剑桥,回家继承家业。此后他便去伦敦改修法律。大学毕业后,他返乡经营农牧场。由于捐税繁多,入不敷出,他的产业逐渐萎缩,家道中落。在20年的农牧场主生活中,他深刻领悟到农民是反封建斗争的主力军。同时,家乡和剑桥的志士仁人和新教徒们传播的新思想和宗教学说,对克伦威尔产生了深刻的影响。

1628年,克伦威尔当选为国会议员,从此开始了他的政治生涯。这是他一生的转折点。1640年,他又当选为长期国会议员,并迅速成为活跃的议员,积极参加起草资产阶级革命纲领——《大抗议书》。《大抗议书》严厉批判封建专制制度，谴责国王查理一世的暴政。

1642年8月22日，国王查理一世悍然发动内战，企图彻底打败国会军，扑灭民众反对封建专制的烈火。内战初期，国王军占上风，国会军连连败北。克伦威尔在参与战争时，认真地观察了双方战术特点，研究了决定胜负的诸多因素。他最后得出结论，认为建设一支新军——英勇善战的骑兵，可以出奇制胜。

骑兵为什么能出奇制胜呢？

原来，到了17世纪，欧洲各国步兵多已装备了火枪。这是一种原始的枪支，使用很不方便——必须从枪管口装子弹，而且不是扣扳机发射，而是点燃引火线发射；打完一发后，又得重复上述操作，才能打第二发——打一枪要花很长时间，而且遇到大风大雨天气，经常无法射击。再者，这种火枪的杀伤力很小，子弹基本穿不透骑兵披挂的铠甲。骑兵机动性强、进军神速，可以迅速冲进敌阵。马刀的砍杀速度很快，步兵装枪是来不及的，所以，当时虽然有了火器，但其优势远不及骑兵作战。

克伦威尔根据自己的研究结论，从1642年开始组建骑兵部队。他首先招募自己家乡——杭廷登郡的自耕农参加骑兵。自耕农既刻苦耐劳，又因遭受严重剥削和重重压迫而痛恨封建专制制度；再者，当时英国的自耕农多信仰具有一定民主色彩的新教，有较强的民主要求。还有一个方便条件，那就是：自耕农多自备马匹，精于骑射，容易接受训练。由于首先抓自耕农这一方便兵源，克伦威尔很快就组成了一支骑兵队伍，到1643年底，共组成14个骑兵中队，14000多人。他的骑兵英勇善战，因而获得"铁骑军"的美誉。他自己则因军事才能卓越，而被称为"铁人"。在马斯顿战役时，国会军共有2.1万多兵力，其中三分之一是克伦威尔的铁骑军。在1644年7月2日的马斯顿大会战中，克伦威尔趁傍晚国王军懈怠之机，率领铁骑军分左右两翼冲进国王军阵地。铁骑军边冲杀边高喊："天兵杀过来了！"，人吼马嘶，吓得敌军胆战心寒，杀得敌军尸横遍野，旗倒兵溃。在这次战役中，铁骑军起了关键作用，扭转了战局。

1644年12月，在克伦威尔坚持下，国会通过决议，授权克伦威尔以铁骑军为核心组建新军——史称"新模范军"。克伦威尔以中将军衔任新军副总司令，成为实际统帅。

1645年6月，"新模范军"在纳斯比战役中大显神威——仅用3个小时即全歼国王军主力，从而基本结束了第一次内战。国王查理一世乔装逃往苏格兰，被苏格兰军拘捕。1647年2月，国会以重金赎回查理一世，不期后来又被他逃脱。

此后，克伦威尔又率领新模范军，攻克、捣毁了国王军老巢——牛津大本营。1647年，在查理一世发动的第二次内战中，克伦威尔所统率的军队又彻底消灭了国王军，重新逮住了查理一世。1649年1月30日，罪恶累累的查理一世被推上了断头台。同年5月，在克伦威尔等人坚持下，英格兰成立了共和国。

1649年2月，苏格兰议会拥立查理一世之子为苏格兰和英格兰国王（是为查理二世），并加紧备战，准备讨伐英格兰的"逆臣贼子"们。此时，克伦威尔被委任为远征军总司令。正当他率军征讨爱尔兰时，获悉查理二世登极，积极准备讨伐英格兰的消息，于是，让他的女婿爱尔顿接替自己担任远征军总司令。他自己则日夜兼程，迅速赶回伦敦，准备迎战苏格兰军。

克伦威尔返回伦敦后不久，即挥师北进，迎击苏格兰军。他进军神速，很快就进逼爱丁堡——苏格兰首都。克伦威尔发挥了他的非凡军事才能，一举攻克爱丁堡，又打了一个漂亮仗。苏格兰军伤亡严重。但是，后来克伦威尔有一招失算了——他将130艘舰艇全部集中，运兵至苏格兰后方，在北部登陆，企图南北夹击查理二世的军队，将其全歼。殊未料及，查理二世得知重兵北移的消息后，乘虚挥师南进，于1651年8月进入英格兰境内。

克伦威尔马上回兵南进，追截苏格兰军。他又调来另外两支部队，集中了3倍于敌军的兵力，将苏格兰军和查理二世团团围住。9月3日，苏格兰军大败，全军覆没。查理二世由王党分子们保驾，逃到法国去了。克伦威尔乘胜长驱直入，占领苏格兰全境。他从此便获得了"常胜将军"的美称。此时的克伦威尔，已经有些踌躇满志了。他打算利用手中的兵权，进而掌握政权。他从苏格兰凯旋后，就策划着"收拾"那些贪污腐化的议员。

1653年4月19日，克伦威尔在伦敦白宫召开军官会议，通过决议要求国会自动解散。次日，国会会议提出了一个新选举法议案，对抗克伦威尔。克伦威尔闻讯大怒，马上率领一支军队进入国会大厦。他盛气凌人地历数议员们的"罪行"，指名道姓地点出了那些"酒徒""贪污受贿"者和"道德败坏"者。克伦威尔随后示意荷枪实弹的士兵冲进国会，驱逐了全体议员，夺取了议长手中的权杖，最后查封了国会大厦。

权倾朝野的克伦威尔，经过一番筹划，决定独揽英国军政大权，并为自己拟出了一个别开生面的称号。12月26日，伦敦举行了隆重的"护国主"就职典礼。由将军、法官、政府长官及伦敦市长等要人组成的代表团，向大会正式提议、敦请克伦威尔就任"英格兰、苏格兰及爱尔兰护国主"之职；随后，当众宣读了由军队会议拟订的《统治文件》——即英国的新宪法。《文件》明确规定，"护国主"为终身职务，国家的一切施政方案，都必须由护国主审批签字方可生效。

宣誓就职后，克伦威尔头戴镶金冠，身着礼服，正襟危坐在类似国王宝座的华丽高背椅上，从容地接受了国玺——国家最高权力的象征和国剑——军队最高统帅的象征。典礼完毕，护国主正式住进白宫官邸。

从此以后，克伦威尔成为英伦三岛的最高统治者，对全英实行军事独裁统治近5年。克伦威尔于1658年9月病逝。

彼得大帝

1672年5月30日，在莫斯科那座古老的克里姆林宫里，一位日后富国兴邦、文治武功彪炳青史、威灵显赫的沙皇降生了，他便是彼得大帝。

小彼得生得活泼可爱，老沙皇老年得娇儿，喜不自胜。他对小彼得的宠爱，胜过两个年长的王子。

彼得4岁时，老沙皇便晏驾了。彼得的异母兄长费多尔即位，其母族米洛斯拉夫斯基家族操纵了朝廷大权；而彼得母后纳塔利亚的家族——纳雷什金家族成员，则尽皆被逐出宫廷。彼得母子遭到冷遇。

费多尔禀赋虚弱，即位仅6年便一命呜呼了。经过激烈的宫廷斗争，10岁的彼得取代了他另一个兄长，即愚钝的伊凡，而继承皇位，由母后纳塔莉娅摄政。纳氏将其监护人——前政府首席大臣马特维也夫召回辅佐朝政。

善良敦厚的纳塔莉娅不谙治国方略，更不会玩弄权术，也缺乏敏锐的政治嗅觉。彼得即位不久，由伊凡胞姊索菲亚策划的一次宫廷政变发生了。这便是5月政变。索菲亚利用了射击军（相当于近卫军）士兵对其上层军官的不满和怨恨，煽动他们把矛头指向纳雷什金家族，说他们的一切不幸遭遇都是该家族给造成的。她还造谣说,伊凡王子已被纳雷什金家族杀死。

1682年5月15日,一群愤怒的射击军士兵,手持长枪、斧头等武器,还拖来了几门大炮,呐喊着冲向克里姆林宫。他们在宫门外高喊:"杀死谋害伊凡王子的凶手"。纳塔莉娅一手拉着伊凡王子,一手拉着小沙皇彼得,走出宫门,向他们解释说,伊凡王子并没有被谁谋害。但士兵们并不肯罢休,他们疯狂地杀死了马特维也夫和射击军长官多尔戈鲁基公爵。士兵们又冲进宫中,杀死了彼得的两位舅父和一些领主。这恐怖、血腥的情景,牢牢地刻印在小彼得的脑海里。

血腥的杀戮结束后,参加政变的射击军士兵,又强行扶持伊凡王子登上沙皇宝座,结果造成两个沙皇同时在位的荒唐局面。两个小沙皇当然形同虚设,朝廷实权却被索菲亚公主以摄政的名义攫取。野心勃勃的索菲亚统治俄国达7年之久。

7年间,为了避开索菲亚的锋芒,彼得母子大部分时间住在郊外的普列奥布拉任斯基村的离宫里。正所谓"塞翁失马,焉知非福":这段实际上处于被废黜状态的生活,使少年彼得充分地接触了较底层的社会;得不到正规的宫廷教育,却使他很少受到一系列传统的腐朽思想观念的影响。宽松的环境,自由自在的生活,使彼得的个性得到充分发展。他生来好学好动,他学习一切自己感兴趣的东西。

小彼得最喜欢舞刀弄枪,玩打仗游戏。他经常带领一群"娃娃兵",模拟攻城战斗。彼得和"娃娃兵"们一天天长大了,"队伍"也逐渐壮大了,普列奥布拉任斯基团和谢缅诺夫斯基团也应运而生。"仗"打得越来越像样，假枪假炮也逐渐换成了真枪真炮。后来，彼得又为两个少年团请来洋教官，把打仗游戏变成了正规军事训练，最后竟搞起了军事演习。同时，彼得还经常同伙伴们学习修船、造船技术，扮演水手，到莫斯科附近的河里驾船航行。

除军事游戏、训练外，彼得还酷爱各种工艺劳动。他置备了木、石、铁工用的全套工具，经常动手干这些工种的活，乐此不疲。广泛的兴趣和勤奋的性格，使彼得这位小沙皇成为学识渊博、多才多艺的人才。

由于离宫邻近外侨区，彼得在这7年间接触了很多外国人，交了不少"洋"朋友。他经常参加侨民圈里的社交活动，甚至同普鲁士姑娘谈恋爱。耳濡目染，日积月累，西方的文明在他的脑海里打上了很深的烙印；他的视野也开阔多了。他倾慕西欧国家的富裕和文明。深刻地意识到俄国的闭塞和落后。他对俄国贵族们的愚昧无知、上层社会的繁文缛节和社会上的种种陈规陋习，深恶痛绝。他立志要干一番事业，使俄国富强起来，文明起来。

随着年龄的增长和阅历的增加，彼得逐渐明辨是非了。他对飞扬跋扈、独揽大权的索菲亚，越来越不满，越来越不能容忍了。同时，彼得经营的两个少年团越来越正规化，越来越壮大乃至成了俄国最像样的一支部队。这一事实使索菲亚意识到，它对自己已经构成了越来越大的威胁。她也不能容忍了，因此指使其亲信，射击军头目沙克洛维蒂发动政变，企图除掉彼得。

1689年8月7日深夜，彼得获悉索菲亚派兵前来逮捕自己的消息后，想起7年前发生的五月政变的可怕情景，心有余悸。他果断地逃进附近树林，并进而跑进一家修道院避难。次日，少年团和一些拥戴他的射击军官兵前来护驾。他了解到沙克洛维蒂策划政变的事实。尽管索菲亚派人逮捕他的消息是误传，但索菲亚毕竟是策划中的政变的后台，所以，彼得决心趁此机会将她赶下政治舞台。此时，索菲亚已经众叛亲离，控制不了局面，她不得不向彼得屈服。讲和不成，她便亲自出城迎接彼得，并按彼得要求交出了沙克洛维蒂。

在多数贵族和军队的拥戴下，彼得返回莫斯科。17岁的彼得从此成为名副其实的沙皇，收回了俄国的军政大权。

返回莫斯科的彼得，头几年，并没有真正亲政（政务由其母后代理）。他继续玩军事游戏，尤其醉心于大海航行。他立志使俄国成为一个海上强国。

1694年母后病逝后，真正亲政的彼得决心一展才干，轰轰烈烈的干一番事业。

俄国是一个内陆国家，长期处于封闭落后状态。彼得一世亲政后，决心要向俄国南北强邻夺取出海口，打开通向西方的窗户，向西方学习。彼得有一句名言："我国需要的是水域。"

1695年，彼得御驾亲征，试图从土耳其人手中夺取亚速城堡，以打通黑海出海口，结果遭到惨败。他立志建立一支强大的海军，增强同西方国家抗衡的力量。后来，彼得决定向瑞典开战，夺取波罗的海出海口。1700年，俄瑞第一次战争爆发。以后，经过21年的长期战争，俄国人终于夺得了里加湾、芬兰湾沿岸地区，拥有了波罗的海的出海口，从一个闭塞的内陆穷国，逐渐变成一个拥有海疆的强国。

1721年，彼得给自己加上"皇帝"封号，称"彼得大帝"。同时，俄国正式定国号为"俄罗斯帝国"。

北方战争

经过几代沙皇的征伐、兼并和扩张，到17世纪70年代，俄国已经成为一个幅员辽阔的大国了。不过，尽管它的版图横跨欧亚两洲，然而它依然是一个处于封建农奴制阶段的落后国家。它政治制度落后、腐败，经济不发达，军事实力也远不能与西欧列强相匹敌。俄国之所以落后贫弱，固然与其开化较晚有关；可是更主要的原因，是其地理位置闭塞，缺乏与外界交通的出海口。因此，夺取经波罗的海和黑海通向西方的出海口，使俄国的商船和军舰能够随心所欲地航出驶进，便成为历代沙皇们梦寐以求的共同目标了。

野心勃勃的彼得一世亲政后，决心要向俄国南北强邻夺取出海口，以期"打开通向西方的窗户"、向西方学习，改变俄国长期闭塞落后的状态。他有句名言："我国需要的是水域。"

彼得首先尝试从土耳其人手中夺取亚速城堡，以打通黑海出海口。

1695年，彼得御驾亲征亚速，结果惨败。他从这次败绩中总结了教训，发现了俄军的弱点。他决定建设一支海军，并亲自督办，雷厉风行。半年后，他再次御驾亲征亚速。然而，这次远征是水陆并进，兵力和作战指挥技术均非前次可比。彼得终于夺取了亚速城堡（15年后又被土耳其夺回）。不过，从亚速进入黑海所必经的刻赤海峡，依然由强大的土耳其舰队控制着——实际上，俄国船只还是到不了黑海。彼得意识到，为了最终夺取黑海出海口，必须建立一支足以与土耳其抗衡的强大舰队。他想到了就要做到。

为了学习先进造船技术、联合西方列强结成反土同盟，并考察西欧发达国家的政治、军事及科学现状，彼得于1697年组织了一个250人的庞大高级使团，周游西欧列国。他本人也乔装化名随团出访。尽管彼得此行的多数目的都达到了，然而由于当时欧洲形势的变化，他的结盟反土计划落空了。他自知尚无单独与土抗衡的实力，所以只好暂时卧薪尝胆。然而，敏锐的彼得看准了西欧各国热衷于角逐西班牙王位，使东北欧暂时空虚这一有利时机，决定改弦更张对瑞典开战，夺取波罗的海出海口。

当时的瑞典，是北欧最强大的国家，拥有强大的陆军和海军。年方18岁的国王查理十二世，血气方刚，智勇双全。显而易见，同瑞典争地盘不啻虎口拔牙，绝非易事。为了把握起见，彼得经过一番外交努力，陆续同瑞典的强邻波兰和丹麦结成反瑞同盟。为了解除后顾之忧，1700年7月，彼得又同土耳其签订了合约。

对瑞开战前，彼得组建了一支3.2万人的新军，并做好了各种战争准备。

俄瑞第一次战争，是纳尔瓦之战。1700年初，波兰和丹麦两国即已率先同瑞典开战,但很快均告惨败。波兰向俄国求救了。彼得亲率数万大军,开往瑞典手中的纳尔瓦要塞,旋即攻城。不期俄军屡攻不克,反被查理十二世出奇制胜。俄军大败,几乎全军覆没。为了庆祝胜利,查理十二专门铸造了一种刻有讥讽、奚落彼得惨败的漫画和文字的奖章。

彼得虽然也是一位心高气傲,不敢后人的年轻君主,然而他冷静沉着,不因查理的嘲笑而失去理智,采取鲁莽行动。他认真地汲取了初战惨败的教训,清醒地发现了俄军训练、指挥及作战技术等素质均较瑞军差。

高傲的查理十二世认为,彼得这个"乡巴佬"成不了什么大气候,因而他没有深入俄境追击战军,这就给了彼得以喘息、休整的机会。彼得针对俄军的弱点,进行了大胆的军事改革。他实行义务兵役制,征召农民入伍,用以取代无能的贵族兵员;从他自己组建的两个精锐兵团——普列奥布拉任斯基团和谢缅诺夫斯基团里,选拔新军官,撤换无能的外国军官;聘请外籍教官,对新兵进行正规军事训练。经过此番努力,俄军的综合素质和战斗力显著提高。同时,彼得还在一年之内,大量铸炮造舰、购备军火军械,储备作战物资。俄军不仅恢复了元气,而且明显强大了。

查理十二战胜俄军后,移师西征波兰和萨克森,而且孤军深入敌境。造成瑞典本土空虚。彼得又抓住了这个有利战机,开始进攻瑞典。从1701年底开始,彼得用了4年时间先后攻占了诺特堡和宁尚茨堡,从而控制了整个涅瓦河流域。1704年,俄军终于攻占了纳尔瓦,复了仇,雪了耻。

控制涅瓦河流域后,彼得又挥师进驻波兰东部,与瑞军对垒。1708年1月,查理十二世率军进逼俄军占据的格罗德诺。为避瑞军锋芒,彼得指挥俄军进行战略性撤退,同时实行坚壁清野和焦土政策。瑞军只得到一座空城,却不曾得到任何给养,无法东进莫斯科。

1708年4月,查理挥师南下乌克兰,企图迂回包抄俄军,并争取土耳其参战,夹攻俄军。彼得识破了查理的计谋,果断地派出主力军南下追击查理。查理不但未能取得土耳其的支持,而且运送粮草弹药的辎重车队又被俄军截获。孤军深入而又面临给养行将断绝的瑞军,军心动摇,处境艰难。查理十二决定围攻乌克兰的波尔塔瓦。1709年6月初,瑞军已集结于该城一带。彼得急调4万重兵,开往波尔塔瓦,与瑞军争夺这个战略要地。6月底,两军在波尔塔瓦一带展开了一场大决战,这就是著名的波尔塔瓦大战。结果俄军大获全胜。不可一世的"常胜将军"查理十二,威风彻底扫地了;昔日被查理谑称"莫斯科的庄稼汉"的彼得,一鸣惊人,使欧洲列强刮目相看。

此后,又经几年征战,俄国人又从瑞典人手中夺得了里加湾、芬兰湾沿岸地带。1721年,俄瑞两国签订的尼斯塔特和约,确认了上述边境的变更。到此为止,历时21年的"北方战争"结束了。彼得一世不负平生抱负,实现了他的列祖列宗的梦想——夺得了波罗的海出海口,使俄国从一个闭塞的内陆穷国,逐渐变成了一个拥有海疆的强国。

1713年，彼得将首都迁至在宁尚茨堡附近新建的"圣彼得堡"。1721年，俄瑞和约签订后，彼得有些踌躇满志了。他授意参政院给自己加上"皇帝"的尊号——"彼得大帝"。同时，俄国正式定国号为"俄罗斯帝国"。

列克星敦战斗

到了18世纪70年代，英属北美殖民地人民争取独立的斗争风起云涌，13个殖民地的代表们于1774年召开了第一届大陆会议，以"大陆联盟"的名义颁布《权利宣言》和对宗主国——英国的禁令（即"三禁"）。各地又都建立了各级"安全委员会"，负责抵制英货（后来成为革命政权机构）。英国政府当然不会甘心放弃自己在那里的巨大利益，所以不断地增派军队，去镇压那里的革命运动和爱国者。

1775年4月18日夜，马萨诸塞总督盖奇从波士顿派出800多英军，准备对31公里外的康科德镇一带的"自由之子（民兵）"进行偷袭，逮捕爱国者首领，搜查民兵组织暗藏的枪支弹药。结果他们不但扑了个空，而且遭到自由之子战士们的猛烈阻击，被打得落花流水，狼狈不堪。

原来，英军的行动计划被自由之子的信使保尔·瑞维尔侦察获悉。由于时间紧迫——英军很快就要出发了，保尔心急如焚。他决定在英军到达之前，将这个消息传递给康科德一带的自由之子。他马上找到好友威廉·戴维斯。

"威廉，不……好了……'龙虾兵'要去……康科德搜查自由之子的枪支弹药……还要抓人……他们……马上就要出发了。"保尔上气不接下气地说。

"保尔，咱俩马上出发、抢在英军前面去报警……"说着，他毫不犹豫地拉起瑞维尔的手走到庭院中，并从马厩中牵出两匹快马。

"上马吧，咱们一道儿去！"

于是，两人策马离开波士顿城，向西直奔康科德方向飞驰。他们连夜将消息通知了沿路的每个村屯，一直到康科德。

各处自由之子战士——"一分钟人"们闻讯后，迅速集合起来，分别埋伏在波士顿——康科德大道两侧隐蔽处，等候阻击英军。另一些自由之子战士则将军火转移到安全的地方，几位自由之子领导人也迅速转移了。

次日拂晓，当穿着赭红色制服的"龙虾兵"们来到列克星敦的时候，埋伏在大路两侧的民兵们一声呐喊，阻断了他们前方的道路。不由分说，双方交了火。很多英军中弹倒地，但他们仗着人多，还是冲开一条血路，奔向康科德。不过，他们到达康科德镇时，才发现那是一座空城，军火库已经空空如也，民兵首领们更是杳无踪影。

英军军官知道已经中计，马上指挥军队后撤。这时，从树林里、房顶上和许多隐蔽物后面，飞来了密集的仇恨的子弹。龙虾兵们一批批地倒地，狼狈地退出康科德镇，向波士顿溃逃。他们沿途遭到一次又一次的自由之子战士们的狙击，被打得晕头转向，仓皇逃窜，好歹逃回了波士顿。清点人数时，才知道死亡约250人。而自由之子战士们仅有几十人伤亡。

列克星敦的枪声，标志着美国独立战争的开始，它在美国史册上占有辉煌的一页。美国人民为了纪念列克星敦自由之子的丰功伟绩，在独立战争胜利以后，在列克星敦村的中心，铸造了一座手握步枪，两眼警惕地注视前方的英姿勃勃的民兵铜质塑像。铜像下边还立了一块石碑。石碑上刻着如下的话："坚守阵地。在敌人没有开枪以前，不要先开枪。但如果敌人硬要把战争强加在我们头上，那么就让战争在这儿开始吧！"让后人永远纪念这些可敬的人们、这块神圣的土地。

开国元勋华盛顿

提起"华盛顿"三个字，人们都会想到美国首都。为什么美国首都叫华盛顿呢？原来，这是为了永久纪念美国的开国元勋——乔治·华盛顿总统。

乔治·华盛顿，1732年诞生于今弗吉尼亚州的威斯特摩兰城。他家经营着一座大种植园，家境豪富。年轻的华盛顿不甘于做纨绔子弟，过养尊处优的少爷生活，而乐于到社会上去独立谋生。他当过土地测量员，也曾从事过土地交易。20多岁时，英法七年战争爆发了，他毅然从军，参加驱逐法国殖民者的战役。他因足智多谋，骁勇善战及战功卓著而被授予上校军衔。1759年，他因反对英国人推行殖民政策而退役。七年战争结束后，英国将从法国人手中夺得的北美殖民地的大部分充作王室私产。华盛顿家的数万亩土地也被吞没。他对殖民政策更加仇恨了，因而也就更坚决、更积极地参加反英斗争了。

1770年"波士顿惨案"发生后，各北美殖民地的人民义愤填膺，纷纷行动起来支援波士顿人民的反英斗争。在1774年8月弗吉尼亚殖民地人民召开的紧急会议上，华盛顿慷慨地表示，自己愿出钱招募千名士兵，并率领这支队伍去抗英。他被推荐为弗吉尼亚的代表，出席了同年9月在费城召开的第一届大陆会议。1775年5月第二届大陆会议决定组建大陆军。华盛顿被任命为大陆军总司令。

刚刚组建的大陆军，很不像样。多数士兵是殖民地原来的民兵和以农民为主的新兵。士兵没有军装，武器短缺而陈旧，给养无着落，而且多数士兵没有受过正规训练。华盛顿用了半年多的时间，整编训练军队，终于使它成为一支具有一定军事素质和较强战斗力的军队。大陆军首先包围了英军总部所在地波士顿，经过几个月的围困，使城里英军内无粮草，外无援军，无法据守，英军统帅豪乌于1776年3月17日被迫率军突围。大陆军旗开得胜，一举攻克波士顿的喜讯，极大地鼓舞了各北美殖民地人民的斗志和争取独立的信心。

1776年7月4日，第二届大陆会议通过了著名的《独立宣言》。它标志着美利坚合众国的诞生。紧接着，纽约的市民们砸碎了英王乔治三世的铜像，用以铸造子弹，打击英国殖民军。

美国宣布独立不数日，豪乌又集结了3.5万军队，卷土重来。他在海军配合下，大举进攻纽约城。守卫纽约的华盛顿手下仅有1.8万军队，且无重炮和海军，显著地处于劣势。大陆军坚守纽约5个月，后因伤亡惨重，不得不撤离。尽管华盛顿的军队仅剩5000人了，然而，由于有全国人民的支持和要求独立的坚定信念，大陆军兵虽败而气不馁。

1776年圣诞节，正当英军官兵寻欢作乐的时候，华盛顿率军趁黑夜重新渡过满布浮冰的特拉华河。神不知鬼不觉地奇袭并占领了特伦顿城。9天后,华盛顿又夜袭了另一重要军事据点——普林斯顿,大败英军康毕利部。连战连捷的喜讯,使军队士气大振,民心亢奋。1777年9月英军凭借海上优势,出动海军攻占费城。华盛顿迎战失利,被迫退守伏基谷以度严冬,他们的处境极其艰难。

尽管华盛顿的正规军暂时受挫,但新英格兰一带的民兵们却成功地阻击、包围并打败了从加拿大南下的8000英军,并于4个月后攻克萨拉托加城。这就是著名的萨拉托加大捷。

美国人民还巧妙地利用欧洲各国同英国的矛盾,通过外交手段,得到了欧洲各国的援助,孤立了英国。法、西两国先后派海军同英军作战;俄、普、丹麦及瑞典等国,也都陆续冲击了英国的海上封锁。法国舰队迫使英军撤出了费城。

英军又在南方发动攻势,妄图挽回败局。起初英军颇占优势,但后来南方民兵游击队在王山战役中歼灭了一支英军主力部队,反败为胜。美军旋即转入反攻。英将康华利被打得狼狈逃窜,最后退入约克顿待援。1781年9月初,法国舰队在约克顿港外击败英国海军,控制了海港。当时屯兵纽约的华盛顿,挥师南下,赶到约克顿,对英军合围。康华利无法抗拒美法两军的强大压力,乃于1781年10月19日率部8000人投降。美国独立战争到此基本结束。1783年9月3日,美英签订《巴黎和约》,英国承认美利坚合众国。

华盛顿在独立战争中,显示了卓越的军事天才。他首先采用了机动灵活的散兵战术,使传统的线式布阵陷于被动挨打的境地。散兵作战机动灵活，可以充分发挥士兵的战斗力。华盛顿还善于巧妙地利用地形和气象因素。或以奇兵突袭。或以重兵围困；或近战，或夜战，神出鬼没，打得英军晕头转向，疲于奔命。

华盛顿于1789年当选美国第一任总统，并连任第二任总统，成为后世景仰的美国开国元勋。他急流勇退，谢绝国会发出的出任第三任总统之邀，返回弗吉尼亚的维尔农山庄，安度晚年，于1799年12月14日病逝。

为了纪念华盛顿的丰功伟绩，美国人民用了近10年的时间，于1800年在濒临大西洋的波托马克河畔，建成了新的首都，命名为华盛顿。市中心矗立着庄严的华盛顿纪念塔，供后人瞻仰和凭吊。

美国南北战争

美国历史上唯一的一次大规模内战——南北战争爆发于美国著名总统林肯当选之际。显然，这不是偶然的。

美国开国伊始即实行两党轮流执政制度。当时的两大政党是民主党和辉格党。1854年辉格党与另外几个代表工业资产阶级利益的政党联合，定名为共和党。共和党与民主党分庭抗礼，延续至今。当时的共和党代表北部工商业者利益，民主党早期则代表南部奴隶主的利益。南北战争之前，美国历届总统多数出自民主党，林肯之前的15位总统中，11位是南方大种植场主捧上去的，一直执行有利于种植场主的政策。林肯是共和党人，是废除奴隶制度的积极倡导者。他于1860年当选为美国总统。这对顽固地维护，甚至要求扩展奴隶制度的南部种植场主们，无疑是一个巨大的打击。他们对林肯既仇恨，又害怕。于是他们联合起来，决定在1861年3月——林肯就任总统之前、发动武装叛乱。林肯当选总统后不久，南部11个州先后宣布脱离联邦政府。并于1801年2月组成"南部同盟"，成立"美国联邦政府"，推举大种植场主戴维斯为"总统"。他们的军队不宣而战，于当年4月14日占领寒姆特要塞。林肯政府于次日对南部同盟宣战——南北战争正式开战。

战争初期，双方各有优势，旗鼓相当。北部人口众多，有2200万，工业交通发达，经济实力雄厚，而且在道义上占上风——废除奴隶制度的主张，得到国内外舆论的广泛支持。南部虽然人口仅有900万（其中黑奴占400万），工业落后，粮食也匮乏。在道义上失道寡助，但它在军事上占有明显优势。同时，得到英法两国的大批武器援助和粮食援助。南部同盟采取先发制人的策略，战争伊始便给北部联盟军以猛烈而沉重的打击。北部对战争毫无准备，战争爆发后，才匆匆招募志愿军，缺乏训练，而且装备极差；同时，缺乏有作战经验的将领。

战争第一阶段（1861~1862），北部不仅军事上处于劣势，而且由于林肯政府受主张向南部同盟妥协的大资产阶级的左右，政策摇摆不定，不敢采取断然的革命政策，企图以妥协政策换取联邦统一。所以，联邦军队屡遭挫折。1861年7月，在东部战场的马那萨斯（距华盛顿40公里），两军第一次会战。联邦军抵挡不住南部同盟军的猛烈攻击，全线溃退，险些全军覆没。由格兰特将军统帅的联邦军，虽然在西战场上打了多次胜仗，但战绩却被东战场上的第二次大败完全抵消了。

原来，马那萨斯战役失败后，联邦军换了一个统帅——麦克克利兰将军。他不仅是一个妥协分子，而且是一个只会纸上谈兵的"军事家"。他挂帅七八个月后，按兵不动，直到1862年3月。为了保住帅印，才不得不执行林肯总统的命令，向南部同盟政府的首都里奇曼发动进攻。进攻前，他大言不惭地夸下海口说："10天之后，我们就要在里奇曼了。"结果是牛皮吹破了，麦克克利兰打了个大败仗。他不懂得兵贵神速的道理，行军迟缓，目标暴露，使南部同盟军预先侦悉了北军的行军路线，并做了充分的迎战准备。麦克克利兰一战即败，狼狈逃窜；而南军乘胜反攻，紧追不舍。8月30日，北军在马那萨斯再战再败，只得退守华盛顿。

联邦军一再惨败的消息，激怒了美国人民。许多城市的群众举行声势浩大的示威游行，要求政府清洗妥协分子和反革命分子，立即解放黑奴，将土地分给穷人耕种，动员全国人民，以革命的方法进行战争。在群众运动的强大压力下，林肯总统被迫采取了一系列坚决的革命政策。

1862年5月，林肯颁布"宅地法"（即土地分配法），使农民有田可耕，并可成为土地的所有者。同年9月，林肯总统又签署了著名的"解放宣言"，规定废除叛乱各州的奴隶制度，使参加叛乱的种植场主拥有的奴隶成为自由人，并可应征参军。

林肯政府的这一系列重大政策转变，使这场内战成为真正的革命战争，战局因而发生了根本性的转折。在革命政策的鼓舞下，数十万工人和农民踊跃参军；大批黑人参军。与此同时，南部各州黑人也纷纷起来反抗奴隶主的奴役。他们或者逃跑，或者在南军后方发动起义，进行游击战争。废奴组织"地下铁道"有一位女"乘务员"，名叫塔布曼。她潜入南军后方，为北军担任侦察员，搜集了大量有价值的军事情报。她曾率领一支特遣队，巧妙地烧毁了南军的一个大型军火库和一个棉花库。她陆续从种植场里引导800多名黑奴逃出虎口；还纵火烧掉好几个奴隶主的大庄园。一名在南军军舰上工作的黑人，名叫罗伯特·史摩尔斯，悄悄地为北军工作。一天，舰长和舰上的白人都上岸寻欢作乐去了，他马上把舰上的黑人兄弟组织起来，驾船起义，连人带舰一齐加入北军海军。

林肯重用了能征善战的格兰特将军。格兰特不负重托，他率军直下密西西比河出海口，封锁了南军的水路交通。同时，全歼了据守密西西比河交通枢纽维克斯堡的4万南军。军威大振。林肯为了嘉奖他的赫赫战功，破格授予他中将军衔——美国第一个中将，并任命他为联邦军的总司令。

1864年，战争进入决战阶段。格兰特将军命令战绩卓著的谢尔曼将军，率10万大军。迂回千余里直插南部同盟统治区的中心——佐治亚州，控制那里的铁路，从而切断了南部的交通命脉，使其补给线中断。不久，谢尔曼攻克该州首府亚特兰大和多处战略要地。谢尔曼之所以能攻无不克、顺利地向敌军后方迂回推进，除了他的卓越军事才能之外，更重要的是，他每到一地，马上解放黑奴。获得自由的奴隶们踊跃地参军拥军，从而使革命的队伍愈来愈强大。11月份，谢尔曼率领得胜之师。高歌《约翰·布朗的精神引导我们前进》，向海洋进军，并于12月21日控制海滨地带。到1865年春，北军又几乎占领了整个南卡罗来纳州及北卡罗来纳州中心地带，同时，北军的陆军与海军也实现了配合作战。

格兰特将军于1864年5月亲率军队在东战场向南军主力发

起攻势，很快到达弗吉尼亚东部。在几场激战中，南军战败，被迫退守其首都里奇曼。南军困兽犹斗，企图北上偷袭华盛顿，不期在华盛顿附近遭到北军和民兵的英勇阻击，溃退回里奇曼。这时，格兰特与谢尔曼从南北两个方向合围了里奇曼，并于1865年4月3日，攻克这座南部同盟的巢穴。伪总统仓皇从海上出逃。6天后，南军统帅罗伯特·李将军在突围不成、走投无路的情况下，率残部向格兰特将军投降。历时4年之久的南北战争结束了，联邦军获得了最后的胜利。

南北战争的胜利具有伟大的历史意义。如果说独立战争的胜利创建了美利坚合众国，那么，南北战争则大大地巩固了这个新兴的政权，为它的迅速发展和强盛创造了必要的条件。

南北战争的胜利，使林肯声望倍增，他赢得了美国人民的崇敬与爱戴。1864年11月，林肯因功勋显赫、德高望重而再度当选美国总统。

不幸的是，正当美国朝野欢庆伟大胜利的时候，林肯总统遇刺身亡。1865年4月14日晚上，即南军投降后的第五天，林肯总统偕夫人去福特大戏院观看歌剧，全场观众以响亮的持续不断的掌声欢迎这位功勋盖世的总统。突然，一个刺客冲进林肯夫妇的包厢，朝着林肯的头部开了一枪。一代伟人就这样死于非命。刺客行凶后，纵身跳上舞台，咬牙切齿地宣告："我为南方人报仇！"然后逃之夭夭。几天后刺客因拒捕被击毙。他是隐藏在该戏院里的南方间谍，公开身份是演员。

尽管反动派刺杀了林肯，但他们却无法挽回失去的一切，阻挡不了历史的进程。林肯虽然遇害了，然而他永远活在美国人民的心中。永远为后世人所景仰。在1982年美国举行的一次民意测验中，林肯被公认为美国开国以来的40位总统中。与华盛顿齐名的前两位"最佳总统"。

拿破仑

1769年8月15日,在法国的新领土科西嘉岛上的阿雅克修城,一位后来叱咤风云、称雄欧陆、震古烁今的世界伟人,呱呱坠地了,他便是拿破仑·波拿巴。

波拿巴家族的祖先是意大利贵族,但到拿破仑出生时,家道早已中落。全家10口人,全靠父亲微薄的薪俸过活,生计颇为艰难。他父亲是法学博士,在当地法庭担任顾问。

拿破仑有些先天不足,他体格瘦弱。仅有1.68米的个头儿。但是,这个瘦弱的孩子却既淘气又任性。一打起仗来就摆出拼命的架势,从不让人,不服输,真是一头名副其实的"荒野雄狮"——"拿破仑"一词,在意大利文中作"荒野雄狮"解。他不仅争强好胜,而且生性刁钻。据说,他的哥哥约瑟夫很老实,拿破仑时常欺负他。但是打了人之后,拿破仑却总是"恶人先告状"——跑到母亲那里去告刁状,害得哥哥时常遭冤打。

1779年1月,10岁的拿破仑和哥哥一起入奥顿的国立中学学习。由于拿破仑讲话带有浓重的科西嘉乡音,法语讲得又很蹩脚,所以经常受到同学们的奚落和取笑。他经常因此而与同学们打起来。

这年5月,父亲发现拿破仑好勇斗狠,是块当军人的料,于是就将他转送到为贵族子弟兴办的布里埃纳预备军校学习。小小的拿破仑远客异乡,举目无亲,心中不无凄凉之感。何况这所学校的同学们也经常拿他的科西嘉口音打趣,嘲笑他是个"老外"和乡巴佬,更歧视他的清贫。拿破仑忍无可忍时,便跟这些纨绔子弟们打一仗,当然还是那股子不要命的劲儿,那样的凶狠。领略过他的蛮劲的同学们,再也不敢惹他了。他也因此成了孤家寡人。他不怕孤独,而是用沉默的冷眼来回敬那些庸俗的阔少们。他用全部精力和时间刻苦攻读。艰难和挫折,孤独和屈辱,磨炼了他,使他成了一个顽强的"斯巴达汉子"——同学们送给他的绰号,在5年的学习过程中,他严守校规,勤奋好学,成绩优秀。尤其是数学成绩,一直名列前茅。个性十足的拿破仑,虽然不受同学们喜爱,但却博得了老师们的器重和抬举。1784年10月,15岁的拿破仑在预备军校毕业后,被保送到巴黎陆军学校深造。

"世界花都"巴黎的花花世界,对意志坚强、抱负远大的拿破仑毫无诱惑力。他矢志不移,珍惜宝贵的学习机会。遗憾的是,拿破仑入学才4个月,父亲就患胃癌去世了。为了担负起养家糊口的重担,拿破仑不得不忍痛辍学从戎。1785年10月他被任命为拉斐尔炮兵团少尉。

拿破仑服役后，依然勤奋自勉。他节衣缩食，过着清贫的生活。然而，他的生活却不乏乐趣，那便是读书之乐。他的房东是一位书铺老板，给了他博览群书的极大方便。他最感兴趣的是军事史、军事著作、数学、地理、哲学及游记等方面的著作。有关炮兵的著作，他读得更多、更认真。他在这个时期也阅读了伏尔泰和卢梭等人的著作，受到18世纪资产阶级启蒙思想的深刻影响。

贫寒的磨炼和学识的积累，使拿破仑能够做到使自己的热情和欲望完全服从于意志和理性。他不但刻苦读书，而且也注视着社会现实，注意社会上的种种不平和腐朽，注意着民众的怨愤情绪。他参加了雅各宾俱乐部，宣誓为捍卫革命，保卫祖国而献身。他渴望推翻不平等的社会制度，渴望改变自己卑下的社会地位，盼望着一展聪明才智、实现远大抱负时机的到来。

土伦之战 土伦是法国东南部的重要港口。

1793年，在外国干涉军支持下，法国的保王党人在南部的马塞和里昂等地发动反革命叛乱，并占据了军事要塞土伦港。在这新生的资产阶级革命民主政权面临生死存亡考验的危急关头，革命的雅各宾派政府，领导法国人民奋勇保卫国家，坚决平定叛乱。各地叛乱纷纷被粉碎，英、荷、奥三国干涉军也被击溃。唯独东南都军港土伦，屡攻不克。

土伦城防十分坚固，驻守的保王党军队和协防的英国和西班牙军队顽强地抵抗着；驶进港内的英国舰队，又与守城陆军形成掎角之势，对革命军构成了极大的威胁。攻城的法军指挥官卡尔托，是画家出身，不熟悉兵法战略，因而攻势不力。此时，拿破仑上尉，经革命军南方面军特派员萨利切蒂推荐，由土伦附近的部队调来，参加攻城战斗，被任命为攻城炮兵副指挥，并被提升为少校。

拿破仑到任后，对土伦的地形进行了周密的考察，然后提出一个独特的新作战方案。这个方案的要点是：将主攻方向由正面转向夺取海角制高点——小直布罗陀高地，然后从那里炮轰港内敌舰，迫使城内英、西军队弃城保舰，从而使土伦城不攻自破。萨利切蒂十分赞赏这个新作战方案，责成拿破仑立即指挥实施。

拿破仑十分感激指挥官对自己的赏识和提拔，决心竭尽全力，一显身手。拿破仑首先率军悄悄地进入小直布罗陀高地北面，秘密地修建新炮台。时值深秋，阴雨连绵，拿破仑又染病发烧，但他始终和士兵们一起执行任务，不离阵地，困乏难抑时，就和衣睡在地上。不久，新炮台筑成。炮台筑成后，拿破仑原计划以橄榄树为掩护炮轰高地，然后夺取高地上的炮台。然而战地指挥官顿涅不听拿破仑的劝谏，于12月15日下令开炮，结果暴露了自己的炮台，招致敌人的猛烈攻击。炮手们陆续倒下，顿涅支持不住，败退下来，炮台失守。拿破仑闻讯后，即刻率部前去救援。他身先士卒，拼死冲杀，虽然负伤也毫不退却。在他的影响下，士兵们个个奋勇拼搏，终于夺回了炮台。拿破仑随即命令部队开炮猛轰敌方的小直布罗陀炮台。敌方猛烈还击，炮手们伤亡惨重。为了激发士兵们的荣誉感。拿破仑将新炮台命名为"无畏勇士炮组"。这一招真灵，士气马上振作起来。士兵们个个奋不顾身，前仆后继。炮群中没有一门炮被打哑。两昼夜的连续猛轰，敌人的工事几乎被夷平。17日夜间，7000法军向高地发起总攻。但遭到敌军的顽强反击，前几次冲锋均被打退。又是拿破仑，率领后备部队及时冲了上来，攻势凌厉，终于占领了制高点。法军立即将全部炮口转向港内英国舰只，猛烈轰击。敌舰及敌军损失极其惨重，招架不住，只好仓皇撤退，向地中海狼狈逃遁。土伦守军见大势已去，遂于次日投降。

在土伦之战中拿破仑显示了卓越的军事天才和敢打敢拼、身先士卒的优良指挥官素质，功勋卓著，使参战将士们无不为之折服。围城军总司令杜高米埃将军将拿破仑的突出功绩向巴黎当局做了详细的报告。报告中有如下一段极其中肯的话："请你们奖励并提拔这个年轻人。因为即使不酬谢他，他也会靠自己出人头地"。1794年1月24日，年仅24岁的拿破仑，被共和国救国委员会破格晋升为少将旅长。

拿破仑在土伦之战中立下的奇功，是他日后飞黄腾达的肇端。1795年，他又奉命迅速地平定了保王党分子们发动的

"葡月暴动"。拿破仑从此名声大噪，平步青云，成为一个方面军的总司令。此后，他又连战连捷，打了许多漂亮仗，获得"常胜将军"的美誉，威震欧陆。1799年，他发动"雾月政变"，当上了共和国第一执政，独揽法国内政、外交和军事大权。1804年12月，他又加冕称帝。

拿破仑叱咤风云，威震欧陆近20年。他在人类历史留下了巨大的身影，对欧洲乃至世界的历史发生过举足轻重的影响。尽管后世人对他毁誉不一，然而作为一个伟大的军事家和政治家，他在历史上的地位是无可置疑的。

意大利战争 1795年，奥地利军队在莱因河战场击败法军，占领了美因兹及曼海姆等重镇；奥地利和撒丁王国联军夺取了法国控制的意大利西北海岸地带。这就对法国形成了两路夹攻、腹背受敌的严重战略威胁。为了解除这种威胁，督政府决定反击联军。鉴于俄军西进路途遥远、英军有海峡之隔，难以迅速投入战场，而奥军近在国门威胁最大的形势，督政府确定了左（北）、中、右（南）"三路攻奥"的战略方针。主战场在莱因河上游至多瑙河一线，由中路军主攻；左路军由莱因河下游经来因河谷东进；右路军，远征意大利，牵制奥军，分散其兵力以策应主战场。

年方27岁的拿破仑，于1796年3月被委任为右路军，即法国意大利军司令。是时拿破仑新婚仅数日（一说二日），即毅然告别娇妻，离开温柔乡，踏上征途。1796年3月27

日，拿破仑到达右路军集结地——边境重镇尼斯。拿破仑麾下的3万余名士兵，粮饷不足，对督政府牢骚满腹，纪律松弛，士气低落；军官之间钩心斗角，矛盾重重。拿破仑深知："一支军队的实力。四分之三是由士气因素决定的"。他立即发布告全军书："士兵们！你们吃不饱、穿不暖……现在我要带你们到世界上最富饶的国家去。在那里，你们将会得到一切尊敬、荣誉和财富！"——诱人的前途，激发了高昂的士气，士兵们纷纷摩拳擦掌，跃跃欲试。同时，拿破仑又切实地整饬了军纪。军心稳定了，战斗力增强了。远征军开拔了。

从欧陆西南部进攻，必须翻越险峻的阿尔卑斯山。拿破仑运用丰富的地理知识判断：阿尔卑斯山靠近地中海海岸处，必有一条较平坦的峡谷。"阿尔卑斯山走尽，亚平宁山乃起"的谚语，也支持他的判断。于是，拿破仑果断地决定，由萨沃纳北进，用4天时间越过阿尔卑斯山，走完沿海山脉的一条极险的道路。在越过这条天险时，还遭到英国巡逻炮舰的炮火袭击。

4月9日，法军击其不意地进入意境，旋即与奥撒联军接战。联军实际参战兵力约5万人，占数量优势。但奥撒两军防线之间有空隙，难以迅速互相接应、援救。拿破仑即利用敌方这一弱点，采用集中优势兵力、中间突破、分割包围、各个击破及穷追猛打的战略战术，于半个月内六战六捷，所向披靡。4月28日，撒王迫于法军压力，不得不签约休战，割地求和。半个月后，法军进占伦巴第首府米兰，赶走了占领该城83年的奥军，米兰成为法军补给基地。6月初，法军包围了欧洲最坚固的要塞之一的曼图亚。曼图亚地势险要，工事坚固，易守难攻。有"意大利锁匙"之称。

奥皇自1796年7月至翌年1月，四次从莱茵河主战场抽调重兵驰援曼图亚，但均被法军击败。1797年2月2日，被困半年之久的曼图亚奥军，鉴于粮秣罄尽，待援无望，不得不开城投降。法军接收降兵2万余人（将领30名）、缴获大炮500余门。至此，意大利北部大部分地区落入法军之手，奥地利本土暴露在法军面前。拿破仑攻占曼图亚要塞后一鼓作气，于3月末移师北上，陆续在纽马克、温兹马克及累欧本三地击溃奥军，遂长驱直入，进逼奥京维也纳。奥帝弗兰西斯于4月6日被迫遣使求和。双方签订的和约规定：奥国割让荷兰、伦巴第、莱茵河左岸之地给法国，承认法国在意北部扶植的两个"女儿共和国"——西沙尔平（热那亚）和利古里亚（伦巴第）。

意大利之战，历经65次战斗，拿破仑连战连捷，俘敌15万，大获全胜。战前因拿破仑资历浅、身材矮小而瞧不起他的那些老将们，完全被这赫赫战功折服了。拿破仑在洛迪和阿尔科拉两次血战中，高举军旗、冲锋在前的英勇形象赢得士兵们的好感。他因此获得"小班（伍）长"的亲昵称呼。

与意大利战场相反,法军主战场上失利,因而拿破仑的部队,最后由辅助地位,转为实际的主攻部队。

意大利大战的胜利,使拿破仑在法军中的威望陡增。并第一次名震全欧。当1797年12月拿破仑班师凯旋时,巴黎市民万人空巷地欢迎他,欢呼声响彻云霄;市政府也给了他很高的荣誉——特意将他寓所所在街道改名为"胜利街"。

奥斯特里茨战役拿破仑发动"雾月政变",担任共和国第一执政后,娴熟地运用手中的权力,颁布了新宪法,加强了中央集权制,建立了一个高效能的政府,制定了一系列开明政策治理国家,使法国政通人和,迅速强盛起来。然而,欧洲各封建君主政权不能容忍法国的强盛,认为拿破仑政权是对它们的最大威胁,犹如骨鲠在喉,芒刺在背,不除不快。自1804年5月开始,俄国先后与奥国、瑞典及英国缔结了反法密约,计划组成50万联军,进犯法国。英国还愿慷慨解囊,支付大笔军费补助,这就是第三次反法同盟。

形势的急剧变化,使拿破仑不得不果断地将布置位于英吉利海峡布伦大营的18.6万大军调往莱茵河一带。法军仅用3周的时间,神速地完成了600多公里的行军任务,而且无一落伍者。

拿破仑马上派兵阻截俄军,同时亲率主力部队奔赴德意志战场。法军很快突破奥军多瑙河防线,深入奥境,并迅速将乌尔姆要塞团团围住，形成袋状包围圈。奥军猝不及防，全军覆没。被俘者3000余人。参谋长和16位将军及3万奥军全部投降。法军一鼓作气，乘胜直捣奥京维也纳。奥皇弗兰西斯二世仓皇出奔奥尔莫乌茨。

拿破仑认为："军队的力量……等于人数乘速度"（即所谓"兵贵神速"）。胜利使法军士气大振。他们忘记了连日急行军的疲劳，兴奋地说："皇上发明了打仗的新办法——不是用刺刀，而是用咱们的两条腿来作战。"

奥军的惨败，使俄皇亚历山大一世不寒而栗。他亲赴柏林，敦促普鲁士王威廉三世加入反法同盟。接着，他又直奔奥尔莫乌茨，同流亡的奥皇会商共同反击法军策略。俄奥普三强联合起来了。面对这种严峻的形势，拿破仑认为，不能等待三国联军的集结和进攻，使法方陷于被动挨打的境地。因为当时在奥的法军仅7.3万名，而面对的是9万俄奥联军和10多万即将从侧翼扑来的普军。他果断地决定：抢在普军赶到参战之前，诱使俄奥与法决战：先发制人，乘联军立足未稳之机，打它个措手不及！如何迷惑敌人呢？他派侍从武官长前去拜见亚历山大一世，假意低首下心地请求"休战"。他本人在接见沙俄特使时，也装出一副愁眉苦脸，显出心力交瘁的样子。俄皇被这些假象迷惑了，错误地认为法军已被打得焦头烂额，不堪一击了。于是，亚历山大一世决定对法军开战。

1805年12月2日清晨，7万法军与9万俄奥联军在奥斯特里茨村附近遭遇，展开激战。这就是所谓的"三皇战争"。俄奥联军企图截断法军去维也纳的退路。然后包围法军。拿破仑敏感地识破了联军的计谋。他将计就计——故意调开左翼，诱敌来犯。俄军果然中计。进入法军包围圈，法军佯退，任其"包抄"。正当俄军深入之时，法军主力从俄军侧面和背后发起猛攻，同时，佯退的左翼也掉头反攻。俄军发现中计，马上乱了阵脚，被逼退至一个冰封的湖面，无数俄军，或落入冰窟窿里淹死，或被炮火炸得血肉横飞，令人惨不忍睹！此时法军骑兵又乘势冲入联军阵地，所向披靡。联军将士上天无路，入地无门，左冲右突，乱作一窝蜂。沙皇的近卫骑兵全部被歼，步兵和炮兵所剩无几，许多将领都投降了。就连联军总司令库图佐夫也险些被俘。联军几乎全军覆没。俄皇奥帝见势不妙，早就逃之夭夭了。在这场恶战中，联军被歼2.7万人，被俘1.5万人，其余人员皆四散逃亡。而法军则伤亡不足9000人，还缴获了155门大炮。

奥斯特里茨战役，是拿破仑最为得意的军事杰作。他曾说过："这一仗打得实在最好……"恩格斯称这次战役"是战略上的奇迹，只要战争还存在。这次战役就不会被忘记"。为了炫耀这一赫赫战绩，法国用战争中缴获的1200门大炮铸成巨大的旺多姆圆柱，树立在巴黎市中心。

俄奥的惨败，对于反法同盟的实际盟主——英国首相皮特，有如五雷轰顶，使他沮丧不已，一病不起。他临终前吩咐手下人将墙上的欧洲地图摘下来说："今后10年不需要它了。"皮特的预言果然应验了。战后奥国被迫割地赔款；普鲁士披迫与法结盟，对英宣战；沙俄被迫撤出奥地利；英国也不得不表示愿与法国举行和谈。战后法国占领了西沙尔平共和国（更名为意大利王国），吞并了利古里亚共和国和那不勒斯王国。拿破仑又将巴达维亚共和国更名为荷兰王国，使之成为法国附庸；将巴伐利亚等德意志西部和南部的15个小邦合并组成"来因邦联"，拿破仑成为邦联"保护人"和武装部队总司令。

　　欧洲地图，被拿破仑用枪尖随心所欲地改绘了。

　　征俄惨败尽管拿破仑于1799年11月9日发动"雾月政变"独揽大权后，东征西讨，南征北战，称雄欧陆，无往不胜，但是对他的心腹大患——英国这个海洋霸主，第一贸易大国，反法两盟的后盾，却始终无法制服。他本来打算直接进犯英国，并做过两年的准备，可是受东面俄、奥等国的军事牵制，使他失去了登陆英伦的时机和希望。他从1805年底开始采取经济战，即大陆封锁政策，企图扼杀英国。他下令禁止所有欧洲国家同英国进行贸易。由于这种政策也损害了各国的利益，所以许多国家采取阳奉阴违、大搞走私的办法加以抵制。沙皇亚历山大一世，则逐步公开取消对英贸易的封锁令。同时，亚历山大一世年轻气盛，也想称霸欧洲乃至世界。他曾发誓"有拿破仑就没有我，有我就没有拿破仑，我们势不两立！"拿破仑无法容忍俄皇这一系列敌对言行。他认为，只有迫使沙俄俯首称臣，才能真正统治欧陆，并最后战胜英国，使巴黎成为"世界首都"。于是，拿破仑决定发兵讨伐桀骜不驯的亚历山大一世。然而，他的朝臣们对此举都忧心忡忡。进攻那个幅员辽阔、荒凉严寒的国家，谈何容易。他们认为"皇上疯了，完全疯了！"可是，刚愎自用的拿破仑岂肯听从臣下的劝谏。

1812年6月23日。拿破仑率61万大军御驾亲征沙俄。大军渡过涅曼河，长驱直入俄境。鉴于法军来势凶猛，但给养供应困难的具体情况，俄军统帅库图佐夫采取了避免与法军决战、主动撤退、保存有生力量，同时采取坚壁清野、后发制人的策略。

法军深入俄境数百里，竟未遇到抵抗的俄军，连人烟也找不到。俄国军民全都撤走了。眼前一派荒凉寂寥景象，找不到粮食，而后续供应又跟不上来。法军生存极其困难，但拿破仑仍然指挥他们继续向东推进。法军于8月17日晚，经过一番苦战，攻占通往莫斯科的重镇斯摩棱斯克。然而，夺得的却是一座空城。军火库被俄军自己炸毁了，全城烈焰熊熊，火光冲天，街巷里尸积如山、数千名伤员发出凄惨的呻吟声。

拿破仑不顾给养缺乏，继续挥师东进。9月7日法军在波罗金诺村与俄军遭遇展开激烈的争夺战。该村是俄京莫斯科的门户，距莫斯科仅一百几十公里。拿破仑投入重兵夺取了该村。但村南箭头堡还有众多火炮不停地轰击法军阵地。原来那里有约12万俄军，300门大炮，由沙俄名将巴格拉基昂将军指挥，阻击法军。拿破仑命令法军元帅，对箭头堡发动攻击。他知道巴格拉基昂很难对付，因而嘱咐元帅要加小心，认真对待。法军的400多门大炮和俄军的300门大炮都打响了，在约1平方公里的阵地上，互相轰击起来。只打得火光烛天，硝烟弥漫，接着数以万计的法军冒着猛烈炮火向箭头堡发起冲锋。尽管伤亡甚巨，但还是拿下了堡垒，守卫堡垒的俄军全部阵亡。

巴格拉基昂岂肯认输，他调来后备部队，奋不顾身地带头反扑上来，以惨重的代价夺回了箭头堡。双方都打红了眼，你占我夺，一日之内法军8次攻占，俄军8次夺回，双方共伤亡七八万人。在法军发动第九次攻势时，巴格拉基昂将军胸部中弹身亡，堡垒终于落入法军手里。俄军统帅库图佐夫，马上指挥俄军按计划撤退。

9月14日，法军开进空城莫斯科。那里空空如也，军民和物资全部撤了个一干二净。次日城里起了大火，烧了整整三天三夜，烧毁了全城的大部分建筑，浓烟令人窒息。待在克里姆林宫里的拿破仑，望着这可怕的景象。懊丧极了，平日的得意神情荡然无存，他进退维谷。

为了摆脱困境。拿破仑3次遣使向沙皇提议谈判。但沙皇就是不肯谈判。法军求和不成、欲战不能。几十万大军，白白地在空城里待了35个星期。进入10月中旬。那里天气已很寒冷，又断粮绝薪，实在是走投无路了。拿破仑万般无奈，于10月19日下令撤出莫斯科。这时，法军仅剩11.5万人了，而且饥寒交迫，已完全丧失了战斗力。撤退路上，不断遭到俄军袭击，加之严寒和饥饿的袭击，士兵死亡甚众。11月29日为了抢渡别列津纳河，士兵和家属们互相争桥，使1.2万人落水淹死。到12月中旬离开俄境时，61万法军只剩2.7万多名残兵败卒了。

拿破仑在俄的惨败，闹得国内外怨声载道，帝国统治下的各国纷纷起义，反抗法国统治。庞大的帝国由盛而衰，风雨飘摇了。1813年春，俄、英、普、奥及瑞典等国结成第六次反法同盟，组成联军攻击法国。拿破仑征新军30万，东渡莱茵河迎击联军。在前半年几次交战中，法军仍占上风。但10月16～19日在德国内部的莱比锡会战中，两倍于法军的联军占了上风；加之拿破仑的盟军萨克森临阵倒戈，使法军猝不及防，旋即溃败。法军不得不退回莱茵河西岸。1814年初，85万联军兵分四路，从东、北、西、南几个方向同时攻入法境，向巴黎进军。拿破仑率兵远离巴黎，绕道包抄联军后路。殊未料及，联军利用了法军远离巴黎的机会，凭借兵力优势，以泰山压顶之势于3月31日攻克巴黎。拿破仑闻讯赶回，为时已晚。4月6日，拿破仑被迫签署了退位诏书，继于4月20日被流放到厄尔巴岛。

拿破仑东山再起1814年4月6日，联军攻陷巴黎、成立临时政府、胁迫拿破仑退位后，马上紧锣密鼓地着手扶植波旁王朝复辟。5月3日，王族的普罗旺斯伯爵，在联军刺刀的簇拥下登上王位，这就是路易十八。

波旁王朝复辟后，一大批重新得势的极端顽固的保王党亡命分子弹冠相庆，得意忘形，他们以百倍的疯狂和仇恨，企图夺回在大革命中失去的一切。他们在各个领域里展开了猖狂的反攻倒算。他们将路易十六被处死的1月21日定为"国丧日"；换上了波旁王朝的国旗；恢复了贵族院和众议院，剥夺了平民百姓的选举权；大量裁军，清洗军官，另行招募贵族子弟组建王室卫队；恢复残酷的私刑，贵旗可以任意鞭笞农民。他们甚至公然叫嚣要恢复什一税和收回失去的土地。他们这一系列反革命行径，使广大农民、士兵及相当一部分资产阶级，感到恐惧和愤慨。人们开始怀念拿破仑了。他们对拿破仑的专横统治固然不满，但对复辟后的波旁王朝的倒行逆施，更为不满，两相比较，他们当然乐于选择前者。

但是，被流放到厄尔巴岛上去的拿破仑，并不甘心退出历史舞台，从此寂寞地了却残生。他韬光养晦，每天骑马散步，优哉游哉自得其乐，有时还蛮有兴致地谈论在岛上筑路植树、美化环境等话题,从而使监视他的英国代表形成了"拿破仑已经与世无争,情愿在这个小岛上寻找自己的乐趣了"的错觉。殊不知胸藏甲兵的拿破仑,却在暗地里与法国波拿巴分子保持着密切的联系。波旁王朝的倒行逆施和民众的怨愤与怀旧情绪,使他欣喜激动。他感到东山再起的机会来到了。同时,在他的心头已经形成了一个绝对令人感到意外和吃惊的大胆冒险计划,并为实现这个计划悄然地进行周密的准备工作。

1815年2月26日晚,拿破仑趁监视他的英国长官回国料理私事、看守人员又都去休息之机,率领旧部1050名官兵,登上"无常"号等和另外6艘小舰,悄然离开厄尔巴岛,向法国南海岸驶去。

迎面驶来一艘波旁王朝的军舰,他们发现对面的已被预先漆成英国船模样的"无常"号,以为是英国船,毫不介意地打旗语问道:"你们是从厄尔巴岛来的吗?拿破仑怎么样?""拿破仑好极了!""无常"号回答说。波旁王朝的军舰驶开了。小舰队继续向北驶去,快要靠岸时,拿破仑信心十足地向他的部下保证:"我不放一枪就能到达巴黎!"

3月1日,拿破仑的小舰队在儒安港安全靠岸。舍舟登陆后,拿破仑发布告士兵书:"有着我们民族颜色——蓝、白、红的雄鹰,将从一座钟楼飞往另一座钟楼,一直飞到(巴黎)圣母院大教堂!"然后,他指挥队伍沿人烟稀少的山路向西北的巴黎方向前进。他们顺利地抵达重镇勒诺布城郊时，遇上了奉命前来阻截的两个半步兵团和一个骑兵团。双方实力悬殊，交战的后果不言而喻。拿破仑镇静的命令部下左手持枪，枪口朝下，然后由他带领迎面走上前去。他们一直走到列队端枪的敌军（几乎都是拿破仑旧部）面前。拿破仑从容地朗声说道："第五团的士兵们，你们还认识我吗？"，"你们当中谁想打死自己的皇帝，那就开枪吧！"说着，他敞开了人们都熟悉的那件灰上衣的衣襟，挺起胸膛。拍了拍。对面的士兵们听到这熟悉的、撕肝裂胆的声音，热泪不禁夺眶而出。他们如痴如狂地扑向拿破仑，口中高喊着"皇帝万岁！"整团整团的波旁王朝军队归附了拿破仑。保王军的军官们则吓得浑身发抖，仓皇逃窜。工匠们一起将自己的皇帝、心中的英雄簇拥进城。

第三天，拿破仑率领壮大了的队伍继续北进，沿途受到崇拜他、盼望他回来反复辟的农民们狂热的欢迎和自发的护送。3月10日，拿破仑抵达里昂，整个法国沸腾了，一城接一城、一省接一省地敞开大门。使拿破仑的队伍畅通无阻。

3月19日晚。路易十八众叛亲离，再次狼狈地逃往英国。次日，拿破仑带领1.5万人马，重返巴黎，受到数十万群众的狂热欢迎，重新登上皇帝宝座。他一路上果然不曾放一枪。为了收买人心，稳定局势，拿破仑在废除复辟的波旁王朝颁布的一系列政策、法规后，向全国发布新的施政纲领：放弃侵略政策，保护农民财产，保证百姓安居乐业。他同时着手修改宪法，准备给人民以出版、集会和结社的自由，实行普选。他受到法国人民的欢迎，民众欢呼："拿破仑万岁！"

拿破仑奇迹般卷土重来的消息，有如晴天霹雳，使聚集在维也纳开会讨论欧洲战后处理问题的各国君主和政府首脑们惊恐万状。由于分赃不均而发生的激烈争吵，顿时停了下来；闹得几乎决裂的战胜者们马上又靠拢了。大家必须齐心协力来对付那个反败为胜的"科西嘉怪物"呀！3月25日，英、俄、普、荷、比等国结成了第七次反法联盟，并决定组成盟军，于6月20日前后从不同方向进攻法国。他们的总兵力达70余万，由英将威灵顿任统帅。

为了对付即将进犯的盟国大军，拿破仑用两个多月的短短时间征集近50万军队，但装备及给养较差。鉴于在数量上和装备上法军皆处于劣势的现实，拿破仑决定采取以攻为守、先发制人的战略。他于6月6日统率15万大军出击比利时，并连续打了几次胜仗。6月18日，法军在比京布鲁塞尔以南18公里的滑铁卢附近，与英普联军相遇展开激战，终因众寡悬殊和援军未到而惨败。这对拿破仑是致命的打击。

6月21日，拿破仑率残部逃回巴黎。当时，法国人民抗敌情绪很高，他们害怕反动的路易十八再次复辟。很多接近皇帝的人，建议他以1793年雅各宾派的革命政策来发动农民和其他阶层的民众参加战争。拿破仑也明白，抵挡反法盟军的唯一希望，就是广泛发动全体人民参加战争。但他既不愿意这样做，也不敢这样做。因为他"不希望成为农民革命运动的国王"。他根本不敢再次充当革命的急先锋了。再说，他先前的坚决支持者——大资产阶级已经不再支持他了。这时，他真的崩溃了。

拿破仑无视众多既肯出钱又愿参军打仗的人民强烈要求，无视全国上下一致抵御即将入侵的外国干涉军的强烈呼声，而于6月22日，在资产阶级议会的逼迫下，再次签署了退位诏书，将皇位传给他的儿子，即拿破仑二世（仅当了几天有名无实的皇帝）。拿破仑此次重建的帝国政权，只维持了95天，所以史称"百日政权"或"百日王朝"。同年7月，路易十八再次复辟。出奔美洲未遂而被俘的拿破仑，被盟军放逐到遥远的非洲南部，大西洋上的圣赫勒拿岛，在那里度过了他凄凉的残年。

滑铁卢决战正当各同盟国君主和代表们，在维也纳的分赃会上，吵吵嚷嚷，互不相让的时候，1815年3月13日拿破仑在法国登陆的消息传到维也纳。起初与会者们感到惊讶，但一转念，拿破仑已是铩羽之鹫，不会有多大作为，于是便不太在意了。及至得知拿破仑于3月20日顺利进入巴黎，重掌大权的消息时，与会者们惊恐万状了！他们立即停止了分赃争论，讨论如何共同对付那个卷土重来的家伙。他们宣布：拿破仑是世界和平的"扰乱者"，"不受法律保护"……3月25日，英、俄、普、奥、意、荷、比等国决定共同出兵组成联军，讨伐拿破仑。

同盟国迅速拟订了5路军三面攻法的计划。具体部署是：（1）英、荷两国军队9.3万人，由英将威灵顿公爵指挥，部署在比利时布鲁塞尔至蒙斯之间；（2）普军约11.7万人，由布吕歇尔元帅指挥，部署在比利时沙勒罗以南一带，直达莱茵河；（3）奥军约21万人，由施瓦岑贝格指挥，在莱茵河上游集结；（4）俄军约15万人，由巴克雷指挥，在莱茵河中游集结；（5）奥、意军约7.5万人，由弗里蒙特指挥，在法意边境集结。此外，盟国还计划组织30万人后备军，拟于秋季行动。计划动员总兵力近百万。第一批投入战事者65万（或称70万）。联军拟从北、东、南三个方向进攻法国，直指巴黎，定于6月27日至7月1日同时进犯法国本土。

拿破仑重登皇帝宝座后，立即通告各国，表示承认《巴黎和约》规定的法国版图，要求罢兵媾和，结果遭到各同盟国拒绝，这意味着，只有迎战联军这一种选择了。拿破仑只好立即重组军队。但由于缺乏动员全民抗战的勇气，至5月末仅征召正规军28.4万人，辅助兵员22.2万人。军中虽尚有一定数量骨干力量，但其威力已远非昔日可比——训练仓促，装备及给养均明显缺乏；可悉心效力的高级将领尤感不足。拿破仑委任苏尔特为参谋长，格格西为骑兵指挥官；以约12.5万北方军为主力，其中包括步兵约9万，骑兵2.4万，炮兵1.2万，火炮344门。

由于兵力不足，不能坐以待攻，所以拿破仑决定，在联军完成集结和统一行动之前，以攻为守，先发制人；并决定以英、普军为主要打击对象，在北线采取攻势，而在东、南两线采取守势，以牵制为主。

6月12日，法军北方军迅速进入预定位置，拿破仑亲临前线指挥。法军进展神速，入比境后，普军始知。但为时已迟，普军只好匆促集结应战，寄希望于英军驰援。普军不支，布吕歇尔也因负伤退出战场。法军在里尼击败普军，歼灭普军2万余人。但因兵力不足、调援部队又未及时赶到，而未能围歼更多的普军。法军亦伤亡约万人。同时，法军因过于疲惫，未能及时追歼普军，使之获得喘息机会。

法军在里尼战胜普军后，按先普后英的预定战略，将主力转向英军。

6月16日，法军内依部与英军鏖战于夸特里布拉斯。英军于次日败退，但内依优柔寡断，未立即追击，使英将威灵顿得以从容撤退，并在布鲁塞尔大道、滑铁卢以南占据有利地形布阵，以待法军。待拿破仑赶来亲自督促追击时，已错过战机。

滑铁卢，位于布鲁塞尔南约20公里处，英军即在滑铁卢以南的圣杰安和拉海圣等地大道两侧布阵设防。阵地后方以圣杰安山为依托，颇为有利。

英荷两军共6.7万人，包括骑兵和炮兵（火炮156门），成梯次部署——骑兵隐于阵后，预备队布置在山后。威灵顿约定布吕歇尔率普军来援后，决定与法军决战。

6月17日，法军主力进抵滑铁卢以南，兵力共约7.2万人，包括骑兵和炮兵（火炮246门）。法军沿布鲁塞尔大道两侧布阵。第一、二军团分别面向拉海圣和好哥蒙特，其骑兵位于各自翼后。第四骑兵师和一个近卫骑兵师配置于第一军团右翼之后，第二骑兵师和另一骑兵师位于第二军团左翼之后。第六军团部署于中央和后方。第一、二骑兵师和近卫兵团作为总预备队。司令部设于李克劳。法军于18日上午部署完毕。

拿破仑原拟实施正面攻击，以右翼重点攻击英军左翼，继而进逼圣杰安，一举全歼英、荷军，同时，先佯攻英军右翼以疑英军，即"声西击东"。

6月18日11时半，法左翼第二军团一个师，在炮火掩护下佯攻好哥蒙特。双方激战，形成对峙局面，未能引诱英军分兵来援。13时，法军右翼第一军团炮轰英军左翼，半小时后，发起攻势。由于队形密集不易展开，加之英军防守严密，法军未取得进展，被迫后退，接着法骑兵出击，击退英军骑兵。双方均有重大伤亡。

此时，未受追歼和牵制的普军前卫部队，已接近法军右翼。法军只得分兵东向阻击。

15时半，法军攻击拉海圣。英军中央渐渐不支，威灵顿命令各部坚守待援。17时半，法军左、右翼骑兵预备队相继发起猛攻，步兵继进，攻占拉海圣和好哥蒙特，突破英军阵地；圣杰安山阵地也岌岌可危。然而，此时法军因伤亡较大、兵力不足，而未能抓住这个有利时机扩大战果。此时，英军伤亡重大，斗志松懈，准备撤退。但因有普军来援的一线希望，威灵顿还是镇静地指挥将士拼死坚守。而拿破仑则因为英军战斗力不强，认为"胜利已是无可置疑"，而拒绝了参谋长调兵来援的建议，比及傍晚感到兵力不足时，已来不及调兵接济。

正当法英双方相持不下之时，3万余普军，摆脱法军追击，分两路自东北方向开向滑铁卢战场，支援英军。18时半，普军与法军在普南塞诺遭遇并展开激战，普军于20时占领该地。同时，另一路普军逼近斯莫海。而英军此时如虎添翼，士气大振，乘势转取攻势，战局急转直下。法军由攻转守，尽管投入了近卫军，也是杯水车薪，最后因腹背受敌而败退。19日晨，普军骑兵袭击李克劳的法军司令部，法军终于全线溃败。

在滑铁卢大战中，法军伤亡2.5万人，英、荷、普军共伤亡2.2万人。虽然双方伤亡数相近。但对孤注一掷的拿破仑，这次失败却是致命伤，使他从此一蹶不振，英雄走上末路！

6月21日，拿破仑率残部败归巴黎，联军亦接踵攻入法境。拿破仑和他的几个心腹重臣，原拟重整旗鼓再战，但遭到多数国会议员的反对。拿破仑自知大势已去，也不愿造成内部分裂的局面，决定放弃再战的意图。他决定让位给儿子罗马王——拿破仑二世，并设摄政王，但也遭到国会否决。

拿破仑本人转移到勒阿弗尔港，准备出奔美洲，但所有港口已被英舰队封锁。为了不落入业已于7月8日第二次复辟的路易十八之手，拿破仑只好向英国政府请求法律保护。他被押往朴次茅斯港，并继而根据英国与其各盟国协议，最后被流放到赤道以南遥远的圣赫勒拿岛。在那里，他度过了屈辱的凄凉的余生。这个曾经叱咤风云、称雄欧陆20年的盖世英雄，于1821年5月5日结束了他52年的生命历程。

加里波第

提起"加里波第",这个令人感到亲切的名字,意大利人民都会肃然起敬的;熟悉近代史的欧洲乃至全世界人民,也并不陌生。这是因为,他不仅为意大利的统一立下了汗马功劳,而且支援过法国和南美一些国家的民族独立斗争。他为自由而奋斗了一生,"加里波第"一词已经成为"为自由而战"的同义语。

朱塞佩·加里波第,于1807年诞生于尼斯附近的卡普雷拉岛。他出身寒微,早年在商船上当过水手,也在撒丁王国海军中服过役。1833年,26岁的加里波第加入了青年意大利党,从而成为革命志士。1834年,青年意大利党在热那亚发动了海军起义。加里波第积极参加了这次起义。起义失败了,他被判处死刑(缺席审判),但此时他已逃亡至南美了。加里波第在南美也不曾停止革命活动,他曾招募意大利侨民中的志士,组织"意大利军团"(志愿队),先后参加了巴西南部共和主义者和乌拉圭人民维护民族独立的战争。因军团士兵尽皆头戴大檐帽、身穿红衫,固有"红衫军"之称。

在相当长的历史时期内,"意大利"只是一个地理名词,而不是一个政治实体。1814年欧洲反法联军攻占巴黎,拿破仑一世被流放后,欧洲各国的封建王朝纷纷复辟;一些小国、弱国则被列强瓜分。从1815年起，意大利全境被分为8个小邦国。北部的伦巴第地区被奥地利哈布斯堡王朝占领，中部各邦也由奥地利控制，罗马地区——教皇领地由法国军队占领，南部的两西西里王国（辖西西里岛和那不勒斯地区）则是西班牙波旁王朝的附庸；只有西北部皮埃蒙特地区萨伏依王朝统治下的撒丁王国较为强盛，是相对独立的国家。长期的分裂和外国统治，严重地阻碍着意大利资本主义经济的发展，也使意大利人民处于贫困和苦难之中。不言而喻，意大利人民盼望着国家的统一和民族的解放！

加里波第和青年党领袖朱塞佩·马志尼，力主驱逐外国势力、消灭各邦封建政权，建立一个真正独立的资产阶级共和国；而撒丁王国首相卡富尔伯爵则主张，资产阶级与贵族地主阶级妥协，建立一个统一的意大利王国。

19世纪40年代后期，意大利各地人民，陆续展开了争取民族解放和国家统一的革命活动。在这种有利形势的推动下，撒丁王国国王查理·阿尔伯特，于1848年3月23日正式对奥地利宣战，意大利第一次独立战争爆发。远在南美的加里波第闻讯后欣喜若狂，他结束了12年的流亡生活，于当年启程返回故国。加里波第回国后迅速组织了一支志愿军，投入奥意战争。1849年2月9日，加里波第率领志愿军推翻教皇政权，建立了罗马共和国。共和国诞生仅两个多月，法皇拿破仑三世即派乌迪诺率大军前来镇压。加里波第这位共和国军事统帅，具有非凡的军事才能。大敌当前，他指挥若定，以1万人的军队战胜了两个师的法军。6月3日，乌迪诺得到援兵，指挥3万大军发起反攻。加里波第在众寡悬殊的不利情况下，顽强地与法军周旋了整整一个月，但终因寡不敌众而突围撤退。7月3日法军占领罗马，共和国覆亡。加里波第再次流亡美洲。

　　1854年，加里波第回国，继续从事革命活动。50年代后期，意大利人民又掀起了民族解放运动新高潮，尤其是北部伦巴第、威尼西亚、帕多亚及巴维亚诸邦，反对奥地利统治的斗争更是如火如荼。1859年4月，奥地利政府发出最后通牒，要求撒丁王国立即解除武装。卡富尔首相拒绝了奥方的无理要求，奥国元帅居莱马上亲率17万大军入侵。加里波第于6月4日指挥仅有5000人的志愿队，在马金塔击败了数十倍于己的奥军。居莱因此败北而被撤职。6月24日，加里波第又率红衫志愿队在索尔非利诺村与奥军决战，并再次打败奥军。加里波第抗奥的巨大胜利，极大地鼓舞了意大利人民。各地革命运动风起云涌，各邦陆续推翻封建政权，并加入萨丁国。

　　1860年，加里波第组织"千人义勇军"（红衫军），支援西西里人民的起义，在当地人民的配合下，从西班牙统治下解放了西西里。同年，加里波第又率众解放了那不勒斯，创造了"本世纪最惊人的战绩之一"。

　　南意大利（两西西里王国）解放后，功勋卓著众望所归的加里波第，本来可以在人民的拥戴下，建立民主共和国，自任领袖，并继而统一意大利。马志尼也积极支持他这样做。但此时，卡富尔率军赶到那不勒斯，向加里波第提出通过"人民表决"的方式，决定南意的归属问题。加里波第为了尊重"民意"，而放弃了发动人民推翻撒丁王国君主政体的初衷，同意"人民表决"。在政府操纵下，"表决"结果，当然是南意大利并入撒丁王国，并成立意大利王国。这时，意大利的统一基本完成。加里波第则在实际上被解甲归田了。

作为伟大的爱国者，暂时赋闲的加里波第，始终惦念着祖国的完全统一。1862年，他突然出现在巴勒莫街头，慷慨地呼吁民众去远征罗马。人们热情地响应了他的呼唤——数千名装备很差的志愿者组成红衫军，在他的率领下，在卡拉布里港登陆，向罗马进军。结果，志愿队被教皇军包围，加里波第也在战斗中负伤，远征失败。5年后，加里波第第二次率红衫志愿队远征罗马，又因寡不敌众败给教皇与法国联军。

1866年，加里波第在普意对奥战争中，再展军事天才，连战连捷，最后，从奥国手中收回威尼斯。普法战争爆发后，加里波第率军支援法国人民抗战，屡挫普军。他热烈地祝贺巴黎公社的建立，并缺席当选法国国民自卫军中央委员。

1870年9月，法军在色当战役中惨败于普军，法第二帝国覆亡。加里波第利用这个有利时机，率志愿队和意大利王国军队，第三次进军罗马，并于9月20日最后占领罗马，从而完成了意大利的最后统一。为了纪念意大利实现最后统一这个历史时刻，意大利许多城市的主要街道更名为"9·20"大街。1871年1月，意大利王国定都于罗马。

加里波第在意大利统一进程中的几个关键时刻，都起了决定性的作用，从而成为意大利统一的元勋和伟大的民族英雄。加里波第"不仅是勇敢的领袖和卓越的战略家，而且是足智多谋的统帅"，尤其难能可贵的是加里波第的高风亮节。他淡泊明志，功成身退。意大利统一完成后，他两袖清风地返回故乡卡普雷拉岛，闲适地在那里度过了他的晚年。1882年，这位传奇式的民族英雄与世长辞了。

红衫军1860年4月，在意大利南部的西西里首府巴勒莫，爆发了反对两西西里王国封建统治和宗主国西班牙的奴役的农民和其他民众的起义，革命的烈火迅速燃遍西西里岛和南意大利。波旁王朝派出大批军队镇压起义者。起义军处境艰难，伤亡较大。起义的消息很快传到北意大利，那里的人民同情起义者。当时身在热那亚的加里波第非常激动，他预感到意大利统一的时机即将到来。于是，他决定组织一支志愿军，前去支援西西里的起义军。

加里波第很快就组成了一支1100人的志愿军，称为"千人团"或"千人义勇军"，其主要成员是工人、手工业者和渔民。又因为志愿军的义士们，按加里波第以往组织义勇军的习惯，都穿红衬衫，固有"红衫军"的别名。

1860年5月7日凌晨，红衫军在加里波第率领下，分乘"伦巴第号"和"皮埃蒙特号"两艘轮船，从热那亚港启航南下，乘风破浪直奔西西里岛。经过3天的艰苦航行，5月10日午夜，在红衫军的两艘船上，已经依稀可辨西西里岛的灯光和渔火。这时，起义军派出的联络情报员，驾着一艘小船悄悄地迎了上来。加里波第命令轮船暂时停止前进,将情报员接上大船,听取他报告军情并拟订登陆计划。据情报员称,这时马尔萨拉港内的两艘西班牙军舰恰好出港巡逻去了,港内空虚,正是登陆的大好时机。弄清敌情后,加里波第当机立断——立刻进港登陆。5月11日凌晨,两艘轮船顺利地驶进马尔萨拉港。红衫军的义士们迅速登了陆。

西西里的起义者和人民,早就听到红衫军前来支援的喜讯了。他们纷纷赶来码头,箪食壶浆欢迎红衫军。是战友,也是同胞,彼此相逢,个个激动万分。加里波第当众高声宣读了《告西西里人民书》:"我们早已听到西西里人民英勇的召唤,现在就来到这里。我们唯一的希望就是解放祖国……拿起武器来!让西西里再一次向世界表明:他的英勇的人民将怎样从暴君的统治下解放出来。"正当此时,西班牙军舰闻讯回港,准备镇压红衫军和起义军。不期西班牙军舰的炮声,招致了港内两艘英国商船的抗议,只好乖乖离去。

加里波第的到来,使西西里人民欢欣鼓舞,起义军更加斗志昂扬。红衫军很快就成为主力军,游击队战士们带着简陋的武器,纷纷加入这支革命队伍,使它迅速发展壮大。在加里波第的指挥下,起义大军开始向巴勒莫进军。5月15日,红衫军在卡拉塔非与政府军遭遇,展开激战。政府军占据着一座梯形高山,山上建有坚固的防御工事,守敌是红衫军的两倍。

时值盛夏,烈日当空,骄阳似火。然而,勇士们不畏炎热,不惧强敌,个个奋勇拼杀。他们攀上悬崖绝壁,舞动大刀与守敌展开肉搏，一层一层地逼近山顶。贪生怕死的政府军士兵们，生平不曾遇上过如此骁悍的对手，吓得魂飞魄散，狼狈逃窜。红衫军终于击溃众多的敌军，占领了这个据点。红衫军继续向巴勒莫挺进。此时，红衫军已经拥有五六千人的兵力。5月22日，红衫军进抵巴勒莫城外围地区，并立即准备攻城。

加里波第的战术是：首先佯攻城西南的蒙雷阿勒，给敌人造成红衫军主力已经集中于城西南方的错觉，诱使敌军远离城池；然后以小部队与之周旋，加以牵制。与此同时，将主力部队运动至城东南的米集耳美里，乘虚攻城。敌军果然中计——5月24日。近万名敌军集结于蒙雷阿勒一带，被且战且退的小股红衫军牵着鼻子走。这时，加里波第亲率主力部队，趁夜穿越崎岖的山路，击其不意地出现在离巴勒莫城仅8英里的米集耳美里。5月27日拂晓，红衫军在当地群众的策应下，一举攻入空虚的巴勒莫城。又经过两昼夜的激烈巷战，残敌败降。全城解放。巴勒莫全城张灯结彩、万人空巷地欢庆胜利。恩格斯对加里波第在巴勒莫之战中，巧妙地利用调虎离山、声东击西的计策；轻取巴勒莫的战术倍加赞誉："加里波第为了强攻巴勒莫而采取的机动，立刻表明他是一位非常高明的将领。"

攻克巴勒莫以后，红衫军乘胜进军。一个月以后又攻克了墨西拿——那不勒斯政府军在岛上的最后一个据点。红衫军建立了西西里临时政府，加里波第被当地百姓推举为西西里"专政者"。这时的红衫军已有2万余众。

8月18日。加里波第统率1.6万名红衫军将士，渡过墨西拿海峡，登上亚平宁半岛，浩浩荡荡向两西西里王国首府那不勒斯进军。一路上，农民们从各地赶来欢迎加里波第的队伍，红衫军迅速地进逼那不勒斯。许多政府军的团队，一遇上红衫军，便高呼着"加里波第"，反戈投入红衫军。顺应革命潮流的加里波第红衫军，几乎兵不血刃地于9月7日开进那不勒斯城。当时，全城欢声雷动，欢迎加里波第这位民族解放斗争的领袖。两西西里王国国王不知逃到何处去了，西班牙扶植的波旁王朝从此覆灭。加里波第又被那不勒斯人民推举为临时政府"专政者"。南意大利从此基本获得统一。

解放西西里岛和那不勒斯的军事行动，被恩格斯誉为19世纪"最惊人的战绩之一"。这次军事行动充分显示了加里波第的足智多谋和卓越军事家的胆识。

完成南意大利统一大业的加里波第，威震遐迩，深受百姓爱戴，完全可以轻而易举地建立一个真正符合"民意的民主共和国，并以此为基础，进而统一意大利全境，成为当然的全意领袖。然而，他不计较个人名利，竟然服从了萨丁王国首相卡富尔操纵下的'人民表决'所体现的民意"，使南意大利并入撒丁王国，成立了封建君主制的"意大利王国"。解甲归田之前，加里波第表明心迹说：为了国家的统一，自己愿意放弃一切报酬和地位；如果国家需要，自己还可以再次出山，重组红衫军，为国征战。加里波第这种高尚情操和坦荡的襟怀，受到意大利人民的无限崇敬，所以后人将"加里波第"这个名字与"为自由而斗争"联系起来。

墨西哥独立战争

16世纪初,墨西哥沦为西班牙的殖民地,那里的印第安人、黑人及混血种人受到残酷的剥削和奴役,过着苦难的生活。18世纪末至19世纪初,西属各拉丁美洲殖民地人民与西班牙殖民主义者之间的民族矛盾,业已十分尖锐,各殖民地都有独立的要求。墨西哥人民反对殖民统治的斗争也此起彼伏,不断发生。印第安人、黑人、混血种人及土生白人,在反对殖民统治的共同目标下。逐渐联合起来。18世纪末叶以后,欧美各国所发生的一系列革命运动,尤其是美国独立战争,大大地鼓舞了斗争中的墨西哥人民。从1810年起,各西属美洲殖民地都陆续爆发了独立战争,革命的烈火再也扑不灭了。

在墨西哥克雷塔罗城,出现了一个讨论墨西哥独立的土生白人组织,叫作"文学与社交学"。它的领导者是克雷塔罗郡郡守多明盖斯夫妇。土生白人军官是这个组织的主要成员,地方民团上尉伊格纳西奥·阿连德是它的骨干分子。后来,多洛雷斯镇天主教神父伊达尔哥,经阿连德介绍也加入了这个组织。伊达尔哥的加入,扩大了这个组织的社会影响。

米格尔·伊达尔哥·卡斯蒂利亚,是一位土生白人,于1753年出生于瓦利阿多利德,其父是一个大庄园总管。他12岁时在一所教会学校上学，一年后转入圣尼古拉斯神学院就读。伊达尔哥学习成绩优异，才华出众，长于辞令，善于雄辩。由于他思维敏捷。善于随机应变，同学们便送给他一个"狐狸"的绰号。他毕业后被留校任哲学和神学教授兼司库。他在该神学院学习、任教共25年，最后升任学院院长。

伊达尔哥从1778年起取得神父职位，从1803年起担任多洛雷斯教区神父。他从青年时代起，就研读古希腊、罗马的著名哲学著作；后来又醉心于卢梭、孟德斯鸠、伏尔泰等18世纪资产阶级启蒙思想家的著作，深受其影响。他钻研印第安语言，学识渊博，爱好广泛，在群众中威望很高。由于他长期生活、工作于基层教区，所以对印第安农民的困苦处境十分了解，也十分同情。他不顾殖民当局公布的禁令，在自己主持的教区内鼓励、协助印第安农民栽种禁种的葡萄、桑树和橄榄，从事养蚕、养蜂及酿酒等行业，建立制陶、鞣革、烧砖及冶铁等工场。伊达尔哥的这些举措，在一定程度上改善了那里印第安人的艰难处境和贫困生活，赢得了印第安农民的拥护和爱戴，但他却遭到了殖民当局和宗教裁判所的刁难和迫害。他不断地遭到怀疑、监视、指控和审讯。但他还是不改初衷，以沉默表示对殖民当局的抗议和不合作。

博学的伊达尔哥，在上层社会也具有崇高的威望和很大的影响。他对自由、平等、博爱及人权等法国资产阶级革命思想的热情宣传和赞扬，对墨西哥独立等社会政治问题的关心和积极的社交活动，得到土生白人和混血种人知识分子，尤其是爱国志士们的赞誉。他主持的教区，竟获得了"小法兰西"的美誉。伊达尔哥在墨西哥的社会下层和上层都扎下了根，声望日隆，名闻遐迩。在1810年风起云涌的西属美洲殖民地独立运动影响下，多明盖斯郡守、阿连德上尉和伊达尔哥神父等人，经过密谋，定于1810年12月8日在圣璜德洛斯拉戈斯的大市集上，当众宣布墨西哥独立；由阿连德担任指挥官，依靠土生白人军官及其所辖军队，与殖民当局对抗。起义计划确定后，他们分别做秘密准备。伊达尔哥也在多洛雷斯进行着武装起义的准备工作。不期由于组织不严密，叛徒告密，殖民当局获悉了这个起义计划。他们从9月13日开始逮捕密谋起义的骨干分子。15日，多明盖斯被捕。其妻幸免于难，她立即与阿连德等人联系。阿连德逃离克雷塔罗城与同伴们一起连夜赶到多洛雷斯，这已经是16日凌晨了。阿连德马上与伊达尔哥商量如何对付这种紧急情况。

在这关键时刻，伊达尔哥经过对形势的冷静分析，认为与其逃亡或等待束手就擒，莫如立刻提前起义。他果断地决定提前起义——他说："在这种情况下，除了把加秋平抓起来，没有别的办法！"他指出，现在不可能依靠土生白人军官争取殖民军了，只能依靠印第安农民的支持。伊达尔哥深知，苦难的印第安农民对西班牙殖民主义者有着血海深仇，只要振臂一呼，他们就会立即群起响应，加入起义队伍。

伊达尔哥和阿连德等人，立刻召集多洛雷斯的爱国志士们，以迅雷不及掩耳之势，在黎明前逮捕了该镇全部加秋平，并释放了全部囚犯。16日清晨，黎明的曙光照亮了多洛雷斯镇。这天恰好是星期天，伊达尔哥神父镇定地走进教堂，敲响大钟，召集印第安农民来做弥撒。他从容地登上讲台，向他的教徒们高声说道："孩子们！你们愿意成为自由人吗？300年前，可恨的西班牙人夺去了我们祖先的土地。你们愿意夺回来吗？"长久以来埋藏在心底的愤怒和仇恨，迸发出来了，教堂中的印第安农民们齐声答道："绞死这些殖民强盗！"伊达尔哥接着带领群众高呼："美洲万岁！打倒坏政府！消灭加秋平！"这就是墨西哥历史上著名的"多洛雷斯呼声"。这呼声惊天动地，唤起了千百万墨西哥人，表达了他们推翻殖民统治、争取民族独立的强烈愿望。

多洛雷斯呼声，宣布了墨西哥独立战争的开始；这呼声是战斗的檄文，激励着墨西哥人民与殖民统治者做殊死的搏斗。革命后来人，在多洛雷斯呼声的激励下，前仆后继，经过11年的浴血奋战，终于获得了国家的独立。墨西哥人民把发出呼声的这一天——9月16日，定为独立战争的开始日，每年都隆重地纪念它。后来，人们把多洛雷斯教堂的那口当年发出独立呼声的大钟，安装在墨西哥总统府三楼上。每年9月16日，共和国的总统都要亲自撞响大钟，和全城人民一起庆祝国庆节，纪念为共和国独立而献身的革命先烈们。

西蒙·玻利瓦尔

19世纪初,南美各殖民地爆发了争取民族解放、国家独立的战争,涌现出许多英雄人物。西蒙·玻利瓦尔便是其中一位最杰出的民族英雄。

西蒙·玻利瓦尔,于1783年诞生于委内瑞拉首府加拉加斯的一个土生白人地主家庭。他年轻时在西班牙学习法律,曾先后游历欧洲各国和美国,具有良好的文化教养和丰富的社会阅历。受拉丁美洲和委内瑞拉独立运动伟大先驱者米兰达革命思想的深刻影响,玻利瓦尔20多岁便开始投入委内瑞拉的独立运动。

1810年,西班牙本土被拿破仑军占领。宗主国的大动乱,为委内瑞拉的独立运动提供了大好时机。1810年4月19日,加拉加斯城各界群众,推翻了西班牙殖民机构,驱逐了殖民官吏,成立了由土生白人主持的执政委员会。玻利瓦尔是这次革命行动的骨干。在他的倡导下,革命领导者将德高望重的独立运动先行者米兰达,从英国迎接回国,领导委内瑞拉独立斗争,他担任了军事统帅。1811年7月5日,国会宣布委内瑞拉独立,建立共和国(史称委内瑞拉第一共和国),从而开了西属美洲殖民地国家独立之先河。殖民主义者是不肯善罢甘休的。1812年西班牙殖民军卷土重来，在本地保皇分子配合下，向革命政权发起反攻。米兰达和玻利瓦尔统率的军队被战败了。同时，委内瑞拉又发生了大地震，传教士们乘机散布谣言，蛊惑人心。天灾人祸迫使米兰达同西班牙人签订了条约，内容是在保障革命者身家性命安全的前提下，交出委内瑞拉政权。结果，条约墨迹未干，殖民统治者便大肆镇压革命者。米兰达本人也被捕，于1816年死于狱中。

玻利瓦尔先是逃亡到加勒比海的一个小岛上；后来又逃亡到已于1910年脱离西班牙统治的新格兰纳达（今哥伦比亚）。他在哥伦比亚西北部的卡塔赫纳城继续从事革命活动，并参加哥伦比亚人民的解放战争。那里的地方政府和人民，热情地支持他进行争取委内瑞拉独立的斗争。1813年，他组成一支由400多委内瑞拉爱国者和志愿者组成的队伍。他率领这支队伍东进，翻越安第斯山，打回了委内瑞拉。他们的战斗口号是："与西班牙人战斗到底！"他的革命队伍，沿途受到革命人民的欢迎和支持，进军顺利，陆续攻克了委内瑞拉西部城市梅里达和特鲁西略。玻利瓦尔的队伍不断壮大，越战越强，于1813年8月胜利地进入首都加拉加斯。西班牙人再次被赶走。1814年1月，委内瑞拉第二共和国成立。委内瑞拉人民拥戴玻利瓦尔为共和国"独裁者"，并誉他为委内瑞拉的"解放者"。

1814年晚些时候，西班矛殖民军再度卷土重来，再次扼杀了委内瑞拉共和国。玻利瓦尔重新流亡国外，并辗转到达海地。当时的海地已经摆脱了西班牙殖民统治，是一个黑人共和国。1816年，不屈不挠、坚韧不拔的玻利瓦尔，在黑人的支持下，又组织了一支由约250名委内拉起义者组成的义勇军，渡海回国进行独立斗争。他宣布解放奴隶，分给解放战士土地，受到委内瑞拉人民的欢迎。他能征善战，多次转战于委内瑞拉和新格兰纳达之间，神出鬼没地打击西班牙军队，屡败敌军。西班牙军队终于被赶走了。1818年，委内瑞拉第三共和国诞生。玻利瓦尔一鼓作气。率军越过安第斯山，于1819年一举攻克西班牙新格兰纳达总督区行政中心波哥大。是年建立了包括委内瑞拉和哥伦比亚的大哥伦比亚共和国。玻利瓦尔担任总统。1821年新格兰纳达的行省巴拿马独立，加入大哥伦比亚共和国。1822年玻利瓦尔又率军解放了基多（今厄瓜多尔），使之成为大哥伦比亚的又一个成员国。

1822年，玻利瓦尔动员南美北部的广大爱国志士，组成一支强大的军队，进军秘鲁，准备歼灭西班牙南美殖民军的主力。革命军与西班牙军，在秘鲁先后进行两次大会战。1824年，西班牙军被彻底击溃，一个总督和四个元帅被俘。革命军又乘胜东进，一举歼灭了上秘鲁的西班牙残余部队。1825年8月6日，上秘鲁宣告独立。那里的人民，为了纪念玻利瓦尔的丰功伟绩，决定以玻利瓦尔的姓氏，将国名改为"玻利维亚"。这就是今天的玻利维亚共和国。1826年，秘鲁首都利马的外港卡亚俄港——西班牙在美洲最后一个据点的西班牙守军，向革命军投降。这标志着统治拉丁美洲长达300余年的西班牙殖民体系的彻底瓦解。

玻利瓦尔为西班牙南美殖民地人民的解放事业，贡献了他的一生。他一生身经数百次战斗，虽然屡遭挫折，但他具有顽强的毅力和一往无前的精神，最终总是以少胜多，不失为一位了不起的军事家和政治家，南美各国人民将他誉为"南美的华盛顿"。

1830年大哥伦比亚共和国解体，玻利瓦尔被迫辞去总统等职务。由于忧愤和抑郁，他患了急性肺结核病，于是年12月17日病逝，时年47岁。

玻利瓦尔这位南美各国人民独立运动的伟大领袖，永远活在人们的心中。如今，南美洲好几个国家首都的中心地带，都矗立着这位"解放者"的高大塑像。

圣马丁

在阿根廷首都布宜诺斯艾利斯市中心，有一个宽阔美丽的广场，是为纪念伟大的爱国者、"阿根廷独立之父"——何塞·圣马丁而修建的，这就是圣马丁广场。在广场中央矗立着一尊高大的圣马丁塑像。可见他英姿勃勃地骑着飞跃的骏马，一只胳臂高高地举向前上方，犹如指挥千军万马，杀向敌阵。来到广场上的人们，总是深情地缅怀这位民族英雄，钦佩他在南美国家独立战争中的丰功伟绩。圣马丁不仅是一位民族解放的斗士，而且是一位具有远见卓识的军事活动家。

圣马丁于1778年2月诞生于阿根廷，早年赴西班牙学习军事。当时的阿根廷，还处在西班牙殖民统治之下。年轻的圣马丁深受欧洲资产阶级启蒙思想的影响，立志为祖国的解放和独立而献身。他在西班牙留学时，便加入了旅西西属美洲殖民地爱国志士的秘密革命组织——"劳塔罗支部"。1808年，拿破仑军入侵西班牙。西班牙人民与法国侵略军展开殊死斗争，圣马丁加入了他们的行列。他多次参加反法战斗，智勇双全，屡立战功，被破格晋升中校军衔，成为优秀的青年指挥官。

1811年5月，阿根廷人民趁西班牙战败之机，掀起了反殖斗争高潮。布宜诺斯艾利斯市民上街游行示威，赶走了西班牙总督，建立了临时政府。这就是"五月革命"。圣马丁闻讯后激动万分，他感到这正是自己报效祖国的时候。于是，他毅然取道回国。圣马丁于1812年春返回阿根廷后，立即投入独立战争。他受布宜诺斯艾利斯政府委托，组建了一个骑兵团。1813年2月，在圣洛伦战役中，圣马丁指挥骑兵团旗开得胜，大败西军。这是他在南美大陆反殖战争中取得的第一次胜利。

1814年，圣马丁被任命为阿根廷北方军司令。他受命后充分施展自己的军事才能：首先整编军队、整饬军纪；然后进行正规军事训练；同时，对全军官兵进行反殖爱国教育，鼓舞士气。经过一番苦心经营，官兵的素质显著提高了，军队壮大了，全军战斗力大大增强了。同年8月，他又被委任为与智利毗邻的库约省省长。也就在这一年，拿破仑战败，西班牙加强了在南美殖民军的兵力，疯狂镇压各殖民地的独立运动。同时，阿根廷又发生了内乱，地方分裂主义分子活动猖獗，政局大动荡。圣马丁在爱国者协助下，陆续平定了内乱。1816年7月，拉普拉塔河联合省（继称阿根廷共和国，1866年正式定名为阿根廷共和国）建立，并宣布独立。圣马丁被任命为安第斯解放军总司令。

圣马丁具有战略家的远见卓识。他认为，只有消灭南美大陆上的西班牙殖民军主力，使各殖民地都获得解放之后，阿根廷才能获得完全独立。当时西军主力和老巢在秘鲁的利马。圣马丁决定先解放智利，然后从海上进攻秘鲁，全歼西军主力。

1817年1月，圣马丁亲率5000精兵，翻越险峻的安第斯山，直奔智利。一路上，他们经历了千难万险，艰苦地跋涉了24天才到达智利境内。这次军事行动，被称为"军事史上最光辉的安第斯长征"。这支奇兵出击不意地出现在智利的洽卡布科。西班牙殖民军遭到突然袭击，尽皆惊慌失措，仓促应战，被打得落花流水，狼狈溃逃。解放军士气高涨，乘胜直捣智利首府圣地亚哥。他们进军神速。一路势如破竹；殖民军则望风披靡，节节败退。两天后，解放军攻克圣地亚哥。次年4月，在智利爱国军民配合下，解放军在迈波与西军残部进行最后一次战斗，结果全歼了智利境内的西班牙殖民军，使智利获得完全解放。

1820年秋，圣马丁率领一支远征军——"解放秘鲁军"，从海上进军秘鲁。远征军由安第斯解放军和智利爱国教员武装联合组成。是年9月，远征军在秘鲁登陆，与西班牙殖民军展开了艰苦的战斗。1821年7月，远征军最后击溃西班牙军队，攻克秘鲁首府、西班牙殖民军的最大据点——利马。利马市民倾城而出，箪食壶浆、载歌载舞地欢迎和慰劳解放秘鲁军，欢庆解放。7月28日，秘鲁正式宣告独立，成立秘鲁共和国。圣马丁被拥戴为共和国"护国公"。

圣马丁一直保持着清醒的头脑。他深知，退守山区的两万多残余西军，必然会卷土重来；不彻底消灭他们，就不能保证整个南美大陆的独立。为了联合抗敌，圣马丁于1822年7月25日，与南美北方革命力量统帅玻利瓦尔举行会晤，拟商定歼灭西班牙殖民军残部之事。然而，由于双方意见有分歧而未能达成联合作战协议。后来，玻利瓦尔率军与西军残部先后进行两次大会战，最终于1824年末消灭了全部殖民军，解放了上秘鲁，完成了南美大陆的解放任务。

与玻利瓦尔会晤后不久，圣马丁主动辞去安第斯解放军总司令之职。一个多月之后，他又辞去"护国公"之职，还政于秘鲁议会。继之，他孑然一身回到自己的祖国。1823年末正值壮年的圣马丁毅然引退，告别祖国，漂洋过海去法国定居。他在小城蒲罗纽悠闲地度过了后半生，于1850年8月在那里故去，终年72岁。

尽管圣马丁后半生做了隐士和寓公，但他在阿根廷独立战争中的巨大贡献，解放智利和秘鲁的汗马功劳都是不可磨灭的；作为一位伟大的民族英雄和著名军事活动家，他的名字永垂青史。

印度民族起义

1857年,在被英国殖民者统治了整整100年的印度,爆发了一次震惊英伦、轰动世界的民族大起义。其实,起义在各地民间已经酝酿很久了。

1856年,在印度的广大农村,发生了一件神秘的事情——传递烤薄饼("恰帕地")。一个人悄悄地走进村庄,找到村长,交给他6个烤薄饼,那人对村长耳语几句,便离去了。村长首先吃一口,然后再将烤薄饼分给村民们吃。吃完了,再依样另做6个,派人送到邻近村庄。就这样,一村接一村,烤薄饼迅速地传遍了广大的农村。不必多说什么,接到饼的人就会意了。这是一个重要信息:"准备武装起义,打倒英国殖民者!"

后来,英国殖民当局听到了这件怪事。他们截获一些烤薄饼,企图发现其中隐藏的秘密。然而,尽管他们将饼弄碎、投进水里搅拌,甚至去"化验"一下,却什么秘密也没有找到。

他们只好作罢，烤薄饼继续传递着。

对殖民统治强烈不满的。"土兵"（英国殖民者用作对印度进行侵略和统治工具的印籍雇佣兵）中，也产生了宣传和组织起义的秘密组织。秘密组织，把土兵和社会其他阶层人民广泛地联系起来。秘密组织不断发展壮大，迅速扩展到印度大部分地区，在起义的组织和筹备中，起了重要作用。

当时，在土兵中流传着这样的歌谣：

"我们，印度土兵，都来

帮助你们（印度人民），

我们完全相信自己的刺刀。

我们要让欧洲人滚下悬崖，

让他们在大海里淹死……"

此外，不少封建主，也因特权、补助费被取消。或王公封号及领地被剥夺而与殖民当局产生尖锐矛盾。

显而易见，到19世纪中叶，印度人民与殖民当局的矛盾，业已十分尖锐。一次声势浩大的民族大起义，一触即发。1857年初，秘密组织空前活跃，它沟通着有起义愿望的社会各阶层。社会上广泛流传着一个预言：英国对印度的殖民统治，到普拉塞同百周年的那一天——1857年6月23日，即将结束。士兵们经常在夜间举行反英集会。他们发誓，一定要消灭英国人。这时，有些英国军官已经感到形势不妙，惶惶不可终日，甚至枕着枪手睡觉。正如一个殖民当局的头目所说。"英国人正像生活在一座随时都会猛烈爆发的火山上一样。"

3月29日，在加尔各答附近的一个兵营的操场上，一个名叫曼加尔·潘迪的印度土兵，突然从队列中跳出来。他向土兵们振臂高呼："弟兄们，为了自由，向阴险的敌人进攻吧！"他迅速开枪击毙了三个英国军官。另一个英国军官扑过来，同他搏斗。在场的印度土兵们，呐喊着替他助威。后来，潘迪被捕，并被处死。但他的英雄事迹迅速传遍印度各地。

5月6日，在备里东北的密拉特，85名印度土兵因拒绝使用新子弹和违抗命令被逮捕，并被判处8至10年徒刑。英国人为了惩一儆百，于5月9日当众剥去85名"犯人"的军装给他们戴上手铐和脚镣，押送进监狱。土兵们亲眼看到这情景，都气炸了肺！而当他们走过大街时，又遭到妇女们的奚落："你们的弟兄们被关进监狱，可你们却有心上街闲逛，真不知羞！"土兵们羞愧得无地自容。他们更加仇恨英国人，也更迫不及待地要同英国人拼个你死我活了。

印度土兵们本来定于5月31日起事，但鉴于形势的变化，他们再也无法容忍了。于是，决定提前到5月10日举行起义。他们预先同德里的印度士兵取得了联系，以便里应外合攻下德里。

1857年5月10日下午，密拉特的英国人正在教堂里做礼拜（10日正是礼拜日），印度士兵们突然冲进教堂。他们愤怒地开枪杀死了全部英国军官。与此同时，监狱被打开，全部囚犯被释放；军火库被打开，参加起义的爱国群众纷纷拿起枪来武装自己。数千名郊区农民也带着武器杀进城来。在"打死英国人"的怒吼声中，无数殖民者人头落地；熊熊的烈火焚毁了英国人的住所。电线、电话线被割断了，铁路被封锁了。整个密拉特城回到印度人手中。当天晚上，起义军高呼口号，浩浩荡荡地开往60公里外的古都德里。次日清晨，起义军的骑兵率先赶到德里城下，英军旅长黎伯勒和一些英国军官，闻讯大惊失色，连忙带领城中印度士兵抵抗。英国人哪里知道，城里城外的印度士兵们早已暗通了消息。当城外起义军高呼"消灭英国人统治"的口号时，城里的土兵答以"杀死英国人"。他们马上掉转枪口，打死了黎伯勒和所有英国军官。同时，市民和郊区农民也都纷纷加入起义大军。德里光复了！德里光复的喜讯，迅速传遍印度各地。勒克瑙、坎普尔、詹西等城的印度土兵、农民和城市贫民，相继揭竿而起；敖德、孟加拉、德干、旁遮普等省和地区都陆续燃烧起了起义的烽火。印度北部和中部的广大地域，都被起义军控制了。各地的英国殖民者，被打得狼狈不堪。他们被起义军吓破了胆，或化装潜逃，或躲到堡垒里或军舰上。就连英国总督肯宁，也急得一筹莫展。有一天，他收到一件特殊的"礼物"——一个英国人的头装在一个剥制动物的颈上。他的夫人吓得发了昏。肯宁再也不敢待在官衙里了，他穿着一条短裤，逃上了英舰。

　　印度人民的这次声势浩荡的民族大起义，整整持续了两年，几乎彻底摧毁了英国殖民统治基础。尽管由于种种原因，起义最终失败了，但它毕竟给英国殖民者以沉重的打击，为后来印度人民反殖反英斗争积累了宝贵的经验教训。起义英雄们的光辉业绩已经载入史册。他们可歌可泣的感人事迹，受到印度人民的钦佩，为后世人所传颂。

詹西女王

在19世纪中叶爆发的印度民族大起义中，曾涌现出许多民族英雄。他们的业绩惊天地、泣鬼神，詹西女王就是一位著名的女民族英雄，她的事迹颇具传奇色彩。

詹西，是印度中部的一个土邦。像其他土邦一样，它也牢牢地破英国殖民当局控制着，听任英国人的摆布。民族起义前数年，詹西王因老来无子，娶了拉克西米·拜依为妃，渴望着生个儿子。原来，英国殖民当局规定：各土邦王公若无子嗣，则其领地和财产全部收归殖民当局。老詹西王当然盼望有子继承他的世袭领地和财产。拜依不负老王爷的宠爱和企望，在他临终前不久，为他生了一个可爱的男孩。老王爷放心地离开了人世。

岂料那个眼珠似的小王子，竟于1854年害病夭亡了。于是，灾难降临詹西——英国殖民当局获讯后立即派兵进驻詹西，占领了它的全部领土，没收了王室的全部财产。年轻的王后拉克西米·拜依被废黜，并被逐出詹西城，过着屈辱的生活。拜依，虽然外表上千娇百媚，但她性格刚烈。而且练就一身骑射格斗的好武艺。她恨透了英国殖民者。盼望有一天能够报仇雪耻。

1857年，印度爆发了民族起义。起义军首先在密拉特发难，旋即光复了德里。不几天，起义的烽火，便在印度中部、北部及其他许多地方熊熊燃烧起来。詹西的土兵和民众，也迅速行动起来。

阴险狡猾的英国总督，悄悄派人来到拜依王后的住处，对拜依说道："只要你与我们合作，一起镇压土兵造反，总督一定将詹西的领土和全部财产奉还给你……"拜依知道英国人是在利用她。国恨家仇，刻骨铭心，她不但没有答应英国总督的请求，反而同詹西的起义人民站在一起，并担任了起义的领导人。

詹西王的旧部，许多武将和土兵都聚集到拜依的麾下。这时，詹西城里的土兵们已经组织好，定于1857年6月8日零点打开城门，迎接拜依的队伍。就这样，城内的印度土兵和城外詹西王旧部，里应外合，顺利地光复了詹西城。起义者们簇拥着拜依王后，进入城内，并一致拥戴她为詹西邦的女王。詹西光复重建后，女王拜依主动出兵策应全国各地的起义军；南征北战，打击英国殖民者。

从1857年9月起，由于种种原因，起义的形势开始逆转。继德里再度陷落之后，1858年3月，第二个起义的中心城市——勒克瑙也再次落入英军之手。3月末，英国殖民军从勒克瑙直扑詹西。詹西全城军民同仇敌忾，在女王的领导下，奋起抗战。女王亲自监督修筑工事和堡垒。在她的带动下，就连妇女们也都冒着枪林弹雨，协助土兵修补工事和城墙，搬运武器弹药。在那战斗的日日夜夜，詹西女王总是身着戎装，一马当先，和英国殖民军展开白刃战。她不畏强敌，毫不退缩。经过8天的浴血奋战，詹西军民给英军以沉重的打击，英军死伤惨重，而且损失多门攻城大炮。然而，终因敌人过于强大，詹西城于4月3日沦陷。女王率领数十名骑兵突围出城，并迅速集合、重整了自己的军队，率军继续进行与英军周旋。6月1日，詹西女王与主要起义领袖唐底亚·托庇会师，并攻占重镇瓜廖尔。6月3日全城举行隆重的庆典，两位领导人一致拥戴拉瓦·萨希布为起义军领袖，以接替业已覆灭的莫卧儿王朝。托庇担任起义军总司令，拜依负责瓜廖尔城城防，继续抗英斗争。

6月18日，英军兵分几路进攻并包围了瓜廖乐城。詹西女王亲自指挥军民作战。她身先士卒，骑着白骏马，挥舞着锋利的长佩刀，纵横驰骋。一个又一个的英军士兵，被她砍落马下。在她的鼓舞、带动下，将士们尽皆视死如归，个个、以一当十，奋死拼杀。

这时，城墙被敌军的大炮轰开了一上大豁口，敌军马上就要攻进城了！

"跟我来！"只听女王一声怒吼，但见她挥舞着雪亮的佩刀，向敌军炮兵阵地冲去。骑兵们迅速地跟着冲了过去。英军炮手们见状大惊——对冲到近前的对手，大炮没用了！他们转身操起步枪，准备对抗。但女王的马已经冲进阵地。说时迟，那时快，一颗英军的人头已经滚落在地上。两军展开了白刃战，一大半英军炮兵被杀死。

这时。大批的英军从四面八方包抄过来。女王和她的部下被围在核心了。女王果敢地招呼她的战友们："跟我突围！"

"她就是詹西女王…抓住她……"一个英军军官喊着，便追了上来。女王听见喊声，怒从心头起，她向这个家伙冲去。并举刀砍去。英军军官捏了一把冷汗，急忙掉转马头狼狈而逃。女王紧追不舍，眼看就要追上那个家伙了。那个家伙极其狡猾，他冷不防地转过身来，随手便是一刀。这一刀刚好砍在女王的右半头部。她的右眼，连同一块头颅被砍掉了！说也奇怪，她竟像丝毫疼痛也没有一样，依然牢牢地坐在马背上。不过，她更勇猛了。但见她两腿夹着马鞍，手中紧握钢刀，风驰电掣般纵马飞了上来。那个英军军官吓呆了！这时，女王的刀已经戳进了他的胸膛。他一声惨叫，登时跌落马下。

年仅22岁的詹西女王，壮烈牺牲了。她虽然牺牲了。但她的英雄形象永远活在人们的心目中；她的传奇般的事迹已经成为一段佳话，永远为后世人所传颂。

铁血宰相

到了16世纪中叶,历时500多年的"神圣罗马帝国"(全称为"德意志民族神圣罗马帝国",通称"德意志帝国")已经名存实亡。当时的德意志(今德国和奥地利)处于四分五裂的封建割据状态。整个帝国分裂成数百个各自为政的"邦"。无论是大邦还是小邦的封建王公贵胄们,都妄自尊大,飞扬跋扈,残酷地压迫、剥削国民;对外则与邻邦混战,争夺领土、掳掠民财。频繁的诸侯混战和沉重的租税剥削,搞得百业凋零,民不聊生。业已萌芽的资本主义生产也受到了压抑。此时的德国,在经济、政治、军事等各方面,都明显地落后于英法等国家。

尽管1815年以后,德意志境内的34个邦国和4个自由市,组成了一个以奥地利帝国为主席国的"德意志邦联",然而,这个邦联是极其松散的,其成员国基本上都是独立邦国。因此,德国迫切需要统一。然而,由于当时德国的资产阶级软弱无力,不可能采取发动资产阶级革命建立民主共和国的方式,来实现统一,而只能靠封建邦国间的战争与兼并来实现统一。

普鲁士王国,是邦联中的一个军事封建大国。它的王公贵族和新兴的资产阶级,都强烈地希望由普鲁士来统一德国。

1861年普王威廉一世登基之后，为了实现上述愿望，马上着手对军事和政治进行改革。正当此时，一个后来名噪世界近代史的人物登台了。此人便是首相兼外交大臣奥托·冯·俾斯麦。他在普鲁士王国议会上力排众议，慷慨而狂妄地陈词道："德意志所瞩望的，不是普鲁士的自由主义，而是普鲁士的威力……当代重大问题不是用说说空话和多数派决议所能解决的……必须用铁和血来解决。"也就是说，德意志的统一，要靠"铁和血"。这便是著名的"铁血政策"。俾斯麦本人，也因此而被"誉"为"铁血宰相"了。

俾斯麦出身于普鲁士容克贵族世家（容克，原指东普鲁士贵族地主，是德意志骑士的后代），曾历任驻俄国、法国大使等要职。他历来坚持以武力统一德国的主张正中普王下怀。因而大受普王的赏识和信任。俾斯麦毅然地踢开了并无决策实权的议会，大肆扩军备战，随即开始了以铁和血统一德国的大业。他的具体步骤是发动三次王朝战争。

俾斯麦首先抓住了1863年底丹麦吞并邦联成员国什列斯维希公国的口实，拉拢、联合了邦联中另一强邦奥地利，于1864年2月兴师讨伐丹麦。此即第一次王朝战争（居培尔之战）。丹麦岂是普奥两强的对手，居培尔一战即溃，被迫将什列斯维希公国割让给普鲁士，而将另一小公国霍尔施坦割让给奥地利。

普奥共同战败丹麦后，俾斯麦借口分赃不均而不顾联盟之谊，掉转枪口对奥国发动战争。此即第二次王朝战争。开战之前，为了防止法国干涉，俾斯麦三访法皇拿破仑三世（"小拿破仑"），并做出打败奥国后给法国一份"领土报酬"（至少是卢森堡）的许诺。法国轻信了他的许诺。1866年6月，俾斯麦联合意大利对奥开战。普军首先占领霍尔施坦公国。奥国兴师28万，以抵敌25万普军。奥军虽占数量优势，但装备远逊于普军。7月3日两军在捷克的萨多瓦村附近决战。俾斯麦志在必得。他身揣毒药，大有视死如归之概。在他的鼓动和感染下，普军士气高昂，结果大败奥军。10天后普军逼近奥京维也纳。奥军几乎全军覆没，被迫向普求和。普王意在乘胜直捣奥京。但老谋深算的俾斯麦劝谏他不要过重地伤害奥国，否则旧恨新仇，无法回旋；应该趁此机会笼络奥国，以期在今后可能发生的普法战争中，得到奥国的援助。普王接受了俾斯麦的劝谏，决定同奥国议和。根据城下之盟，奥地利退出德意志邦联，并将4个支持奥作战的属邦和1个自由市割让给普鲁士，同时赔偿一笔军费给普鲁士。史家们所称的"七星期战争"，就这样结束了。

普奥战争的结果，铲除了德国统一的主要障碍。1867年4月俾斯麦组成了以普鲁士为首的北德意志联邦。联邦包括22个邦，3100万人口。然而，南部的巴伐利亚、巴登、符腾堡及里森等4个较大的邦，因宗教信仰的不同、对普鲁士的不信任和有法国的支持而不肯加入联邦。

普奥战争一结束，法国就要求俾斯麦履行诺言，给法国以领土报酬——承认法国对卢森堡和比利时的兼并。岂料俾斯麦竟采取推诿搪塞的办法加以应付——他煞有介事地让前来交涉的法国大使,将法国的要求写成备忘录,说要呈请普王定夺。法使不知是诈,认真地照办了。而俾斯麦却将备忘录内容透露给有称霸欧洲野心的英、俄两国,蓄意离间两国与法国的关系。对德意志统一与强盛早有戒心的法皇小拿破仑,闻讯后怒不可遏,忍无可忍,誓与普国一决雌雄。而俾斯麦也早就认为必须与法国一争高下了。因为小拿破仑极力阻挠南德四邦加入德意志联邦、蓄意阻止德意志的统一。1867年小拿破仑曾在法国公开叫嚷过:"德意志应划分为三块,永远不得统一"。这样,普法之战(第三次王朝战争)就势在必行了。

虽然,普法双方都急不可待地想与对方作战,然而,谁也不愿师出无名,担个"好战"的罪名。于是,双方都言不由衷地宣称"不愿"与对方打仗。但背地里却都在大规模地扩军备战。同时,双方又都积极地为战争做外交努力。拿破仑三世拉拢奥地利、丹麦和意大利,企图组织一个反普同盟,结果落空了。他还对南德四邦寄予希望,岂料它们业已与普秘密地缔结了军事同盟。在这方面,俾斯麦则技高一筹。他竭力争取列强中立。他偷偷地讨好俄国,满足沙皇的某些欲望,因而得到了沙俄的支持。英国也答应保持中立。尽管到1870年普鲁士已做好了对法作战的全面准备,但阴险狡猾的俾斯麦为了争取舆论上的主动,坚持不先动手,而是千方百计地挑动小拿破仑先开火。

时机终于来到了:1869年西班牙革命者推翻了西班牙女王伊莎贝拉,王位继承者阙如。俾斯麦趁机收买了新成立的临时政府，提议由普王堂兄利奥波德·霍亨索伦亲王继承西班牙王位。1870年7月1日，报纸上披露了西班牙新政府敦请普王堂兄去西班牙当国王的消息。这是一个政治阴谋。如果阴谋得逞，法国将会陷入腹背受敌的被动局面。消息轰动了巴黎，拿破仑三世暴跳如雷，示意外交部部长宣称：要同那个敢于向西班牙派出王位继承者的国家开战。形势极度紧张，俾斯麦暗自欢喜。不料利奥波德亲王，不敢前去西班牙继承王位。在爱姆斯休养的普王，也劝他不要接受这个王位。于是，利奥波德正式声明拒绝接受西班牙王位。一场风波似乎平息下来了。然而，两国的军政要人们都不甘心接受这个"和平"的结局。7月13日，法国大使奉旨前去拜会普王，要求普王做出永远不同意利奥波德继承西班牙王位的保证。对这挑衅性的无理要求，普王委婉地拒绝了，并表示愿就此事与法会谈。普王特地让随从在爱姆斯打电话，将此事通知俾斯麦。

俾斯麦同参谋长毛奇和陆军大臣卢恩仔细研究了电报，沟通了战争准备情况，认为立即开战较为有利。于是，俾斯麦煞费苦心地将普王电报做了修改——将电文最后一句话改作"国王陛下以后拒绝接见法国大使，并命令值日副官转告法国大使，陛下再也没有什么可谈的了。"这显然是对法国政府的侮辱和挑衅。

俾斯麦吩咐将这封篡改过的电报，发往柏林各驻外使节，同时举行记者招待会，当众发表电报并进而公诸报端，称"这是斗法兰西'牛'的一条红巾"。果然，《爱姆斯电报》一发表，巴黎舆论大哗，好战分子们声嘶力竭地叫嚷："打到柏林去！"1870年7月19日法国正式对普鲁士宣战。

法兰西第二帝国政治腐败，军事机构混乱，军心涣散，战争准备极差。法军实际上是仓促应战的。执行着军事冒险计划。战争是以法国的惨败，普鲁士大获全胜而告终。是年末，南德四邦划入普鲁士版图。1871年1月18日，普王威廉一世带领各邦王公大臣们前赴法国凡尔赛宫，举行隆重仪式，宣布德意志帝国成立，并自封帝国皇帝，当即加冕。

尽管后来"铁血政策"一词，成为侵略战争的同义语，但俾斯麦依靠它结束了德意志持续几个世纪的封建割据四分五裂的局面，完成了德意志的统一大业。这在历史上的进步意义是必须肯定的。至于铁血首相俾斯麦，历史地看，他不失为一位杰出的具有远大目光的政治家，具有卓越的外交天才。他统一德意志的历史功绩，是不容否定的。然而，俾斯麦所建立的德意志帝国。是容克贵族与资产阶级联合专政的国家，保留了大量的封建余孽，继承了普鲁士的军国主义传统，成为最具侵略性的国家。这是它日后成为两次世界大战策源地的历史渊源。

色当惨败

昏聩无能而又狂妄自大的法皇拿破仑三世，经不起俾斯麦精心篡改的《爱姆斯电报》污辱和刺激，一怒之下，于1870年7月19日悍然对普宣战。国与国之间的大事，莫过于打仗。整个欧洲都在密切注视着小拿破仑怎样个打法。可是日复一日，直到7月28日法军还不曾打响一枪一炮，岂非咄咄怪事？

看起来像怪事，实际上并不是怪事。

小拿破仑的如意算盘打得确实不错：他想趁普军尚无准备的机会，于两三天内出动优势兵力，跨过莱茵河，进军法兰克福，将普军南北切断，使之首尾不能相顾，从而造成普军仓皇应战的局面，最终彻底击溃之。然而，法皇根本不了解自己的军队的实际战备情况，而是盲目地听信陆军部长所奏报的情况——法军"连最后一个士兵的靴套纽扣也准备好了！"法国对普宣战时法军的实际情况是：能够召集的兵力不足40万，其中能够迅速调往前线的只有20多万。而且能匆促上阵的部队，装备尚不齐全，甚至连炮弹尚未备齐。法军的组织也十分混乱，接到集结命令时，有的部队找不到指挥官，有的将军找不到自己的部队，各个部队都是一片混乱。更可笑的是，法军指挥只准备了德国地图，而没有法国边境地图，似乎他们早已断定：

法军必胜无疑！此外，军需辎重匮乏；多不能及时供应、补给；军队调动、集结速度也极慢。

实际上，拿破仑三世对普宣战，实属军事冒险计划。

直至7月26日前后，才有8个军的法军调到前线——麦茨、斯特拉斯堡一带。7月28日，拿破仑三世自任前线总指挥，赶赴麦茨前线。按照其乃叔（拿破仑）的作战惯例，总指挥到达前敌之日，即应正式开战。可是，此时的小拿破仑，却徒来前线，打不响战争。他竟在麦茨无所作为地待了一周。

相反，迎战的普鲁士军队，在数量和质量上。都占有显著优势。普军可动员参战的兵员达百万，装备充足而精良，军需给养物资充足，作战计划具体而周详。其参谋总长毛奇知己知彼，对法国铁路运输能力的了解，比法皇自己还透彻。法国正式宣战后，普军主力迅速集结。至7月31日，约39万普军业已分三路集结到西南边境，普王威廉一世亲赴前线督战。法军宣而不能即战，贻误了战机，使普军获得了充足的战前部署时间。

8月2日，即正式宣战后两周，法军才贸然进犯德境。不期法军开进德境，便遭到普军强有力的还击。8月4日，40万普军轻而易举地击退了法军，并迅速开入法境作战。8月6日，埋伏在维桑堡的5000法军被全歼；麦克马洪元帅所部6个师在维尔特败绩；巴赞元帅所部法军亦遭惨败。法军全线溃退，普军长驱直入法境。

小拿破仑见势不妙，忙将帅印交给巴赞，自己则仓皇离开麦茨，逃往夏龙。同时，麦克马洪残部也乘火车逃往夏龙。数日后，巴赞率残部退入麦茨要塞，陷入普军重围。至此，小拿破仑的军事冒险计划彻底破产。

逃往夏龙的麦克马洪残部，意在与巴赞会合。但巴赞已在麦茨陷入重围。拿破仑三世亲自领导麦克马洪整顿残部，并扩充兵力为12万人。整编后的麦克马洪军受命驰援麦茨马赞军，但刚一行动，即遭普军阻击，无法前进。

8月25日，尾追麦克马洪败军的普军逼近夏龙，迅速集中约20万普军，堵截并击溃法军。法军盲目地向东北方向比利时边境逃窜，于30日被迫退入色当要塞。

法国企图凭借坚固的要塞，同普军对抗。但当时的法军已溃不成军，士气低落，又缺少粮秣，毫无战斗力。普军很快占领了要塞四周的全部高地，将要塞围得水泄不通。9月1日晨，700门普军大炮一齐开火猛轰要塞，炮弹密如雨点落入城内，顿时点燃一片火海。法军乱作一团，争相逃进堡垒。麦克马洪身负重伤。接替他的魏姆普芬将军建议突围。但色厉内荏、贪生怕死的小拿破仑，不敢突围。黄昏时，小拿破仑决定投降。他在向普王发出降书同时，又下令在要塞堡垒上升起白旗。

9月2日，普军前来受降。法皇、元帅、39名将军和8.6万法军全部被俘，650门大炮成了普军的战利品。

这就是史书上所载的"色当惨败"或"色当投降"。

10月27日，巴赞率17.3万法军降普。此后，法军失去正规军。

法皇降普后仅两天，巴黎即爆发了旨在推翻帝制的民众革命。9月4日，革命者冲进波旁宫会议厅，迫使议长宣布废黜法皇拿破仑三世，恢复共和政体。第二帝国覆亡了，取而代之的是第三共和国。然而，新建立的临时政府，却被卖国的资产阶级反动派把持了。

军事家毛奇

普鲁士宰相俾斯麦以铁血政策统一了德意志。当时,普鲁士军队的参谋总长——实际的全军总司令,便是毛奇。毛奇是铁血政策的积极支持者和忠实执行者。他与俾斯麦配合默契,成功的策划和指挥了普鲁士对丹麦的战争、奥普战争和普法战争,获得举世瞩目的巨大胜利。他的军事天才曾屡次博得恩格斯的赞誉。

众所周知,在两次世界大战中,德国军队都以"闪电战"见长。"闪电战"思想的创始人便是毛奇。

毛奇的全名为"赫尔穆特·卡尔·伯恩哈德·冯·毛奇",简化写法为"卡尔·毛奇",人们习惯于称他为"老毛奇"。这是因为,他还有个名叫约翰内斯·毛奇的侄子,也曾是德国军界的风云人物、著名的军事家。为了区别这爷俩。只好在他们的姓氏前,分别冠以"老"与"小"两字(就像中国人称"老李"与"小李"一样)。本文讲的就是老毛奇,所以就不加"老"字了。毛奇生于1800年,在丹麦长大。1818年,毕业于哥本哈根武备学校,并开始在丹麦军队中服役,1822年转入普鲁士军队。1823年,毛奇入柏林军事学院学习,并于1826年毕业。1833年,他从军队中调入普鲁士军总参谋部工作。从1836

年起，毛奇应聘出任奥斯曼帝国苏丹（最高统治者）的军事顾问；1839年回国，继续在总参谋部工作；后来又曾奉调去步兵第四军司令部任职。1857年升任普鲁士参谋总长。1870年被威廉一世册封为伯爵，从而成为普鲁士贵族。1871年，德意志帝国成立，毛奇被封为德国元帅；同年开始任德军参谋总长，直至1888年；此后任德国国防委员会主席，直至1891年逝世。

毛奇虽然不像拿破仑那样20多岁即一鸣惊人，身经百战。但他运筹帷幄，指挥过好几次重大战役，战绩辉煌。其中影响最大的便是普奥战争和普法战争了。这两次战争中的萨多瓦战役和色当战役尤其著名。

普奥战争是"闪电战"的一个成功战例，它仅仅打了7个星期（亦称"七星期战争"）。战争的结局是：奥地利惨败，普鲁士大获全胜。在萨多瓦战役中，奥军几乎全军覆没。若非服从政治策略的需要，奥京维也纳必被攻陷无疑。战争的政治结果是：成立了以普鲁士王国为首的"北德意志联邦"，普国领土扩大四分之一，人口增加500万；奥地利大伤元气，割地赔款，并被排斥于新联邦之外。

普法战争只打了半年多（1870年7月19日至1871年1月28日），结果也是法军惨败，普军大获全胜。仅色当一役，即俘虏法皇拿破仑三世、法国元帅、39名将军和8.6万名士兵，缴获大炮650门。因而，历史上将这次战役称为"色当惨败"。色当惨败后仅两天，法国第二帝国便覆灭了。战后，德国迅速完成统一，成立了强大的德意志帝国。

毛奇戎马一生，为德国的统一立下了汗马功劳，并成为近代军事史上屈指可数的大军事家、大战略家之一。他认为，为了打赢一场战争，必须动用国家的一切力量，先敌动员和在边境展开军队；要采取突然的军事行动，从各个方向朝一点运动（即所谓"分进合击"），从侧翼包围敌军。他的在速决战，即闪电战中取胜的思想，作为德国军事理论的基本原则，发挥了近百年的指导作用。他的军事著作，如《毛奇军事论文集》《军事教训（交战的准备）》及《1870～1871年德法战争史》等，是世界军事文库里的宝贵典籍，具有重要的参考价值。

倒幕战争

19世纪70年代，日本明治维新前夕，日本社会处于封建社会末期，天皇是名义上的国家元首，实权操纵在德川幕府手中。由于欧美列强的侵略，不仅使日本陷入民族危机，而且进一步激化了国内的阶级矛盾。资产阶级化的中下级武士，不满于幕府的昏愦统治，他们和出身富农豪商的"志士"，联合与幕府有矛盾的西南强藩和皇室公卿等组成"倒幕派"。他们打出"尊王攘夷"的旗号，积极谋划推翻幕府。主持幕府的大老（将军任命的行政长官）井伊直弼，为维护幕府权威，彻底肃清倒幕派势力，于1858～1859年对倒幕派实行血腥镇压。吉田松阴等7人被处死，有10多人入狱，大批武士遭株连。1860年，井伊直弼被武士刺死，斗争日趋激烈。1866年6月，幕府不顾一切地发动了第二次讨伐战争，但由于内部矛盾重重，使各条战线的幕府军连遭失败。1866年12月，压制倒幕派的孝明天皇逝世，不满15岁的明治天皇即位。宫廷形势向有利于倒幕派势力方向发展。倒幕派领袖西乡隆盛等从明治天皇处获得"讨幕密诏"。将军德川庆喜得知对方的准备后，鉴于形势极其不利，便决定采取以退为进的策略，表示接受妥协方案，声明"辞去将军职务"，将"大政""奉还"于天皇。至此，统治日本260多年的德川幕府，在名义上宣告结束。但德川庆喜、山内容堂等人的"大政奉还"，只是一种不得已的缓兵之计，以消除倒幕派武装讨幕的口实，并企图在形式上让天皇执政，而自己继续掌握实权。1868年1月3日，以明治天皇名义召开了倒幕派皇族公卿、大臣及下级武士代表参加的御前会议。会议宣布"王政复古"，废除幕府制和成立新的中央政府。德川庆喜在发出"大政奉还"的声明后，伺机最大限度地保存自己的权利和财产。在得知御前会议对其彻底剥夺的决议后，就离开京都去战略要地大阪，纠集武装力量伺机反扑。这样，明治维新便进入了倒幕战争的决定性阶段。

1868年1月8日和10日，德川庆喜在大阪宣称"王政复古大号令"为非法，并集合1.5万人的军队，以"清君侧"的名义向京都进军。扬言要把未成年的天皇从奸臣中解救出来，从而挑起了国内战争。1月27日，德川庆喜的幕府军与以萨摩、长州两藩藩军为主力的8000名政府军在京都附近的鸟羽、伏见展开激战。幕府军大败，德川庆喜连夜逃至大阪，后经海路回到江户，企图在那里组织最后的抵抗。鸟羽、伏见战役后，京畿以西各藩一一归顺新政府，宣誓效忠天皇。2月间，明治政府组成以西乡隆盛为实际领导人的东征讨幕军，向江户进发。在人民群众的有力支持下，东征军节节胜利，直逼江户。4月，幕府当局看到自己的陆军几乎陷于瓦解，遂决定投降。政府军进占江户。10月，改江户为东京，次年3月将国都从京都迁至东京。

德川庆喜投降后，一些幕府旧臣和关东以北各藩仍拒绝投降，他们组成了以会津为首的北敦诸藩联盟，继续顽抗。1868年9月，政府军攻占会津藩要塞松岩城，随之又平定本州北部其他诸藩的反抗。政府军进占江户后，幕府海军上将榎本武扬，率幕府海军主力及一部分陆军逃至北海道，在函馆宣告成立"武士共和国"，自任总裁，并向天皇提出，要在德川家的代表中挑选一人为共和国元首。明治政府拒绝了他的要求，并宣布他为"海贼"，加以讨伐。1869年5月，经过一年半的战争，明治新政府终于打败了幕府及其残余势力，获得了真正的胜利。倒幕战争的胜利，结束了统治日本长达265年的德川幕府统治，巩固了维新后新建立的民族统一国家，保障了日本明治维新的顺利进行。

日俄战争

日俄战争是20世纪初，日本与俄国为争夺中国东北和朝鲜而进行的一场帝国主义战争。它是资本主义进入帝国主义阶段的标志之一。

从19世纪90年代起，沙俄加紧了对中国的侵略。在中日甲午战争后帝国主义瓜分中国的狂潮中，沙俄充当了急先锋。1895年日本在中日甲午战争中获胜后强迫清政府签订马关条约，其中关于把中国辽东半岛割让日本这一条，在沙俄看来等于是抢食其禁脔，于是俄国联合法国和德国出面干涉，逼迫日本归还辽东半岛，日本对此怀恨在心。1896年5月，沙皇又以共同防止日本侵略为借口，通过诱骗、贿买等手段，同卖国贼李鸿章签订了"御敌互相援助条约"（即中俄密约），夺取了横贯中国东北的（满洲里——哈尔滨——绥芬河）中东铁路的修筑权和管理权。1897年12月，在德国侵占胶州湾后，沙俄马上乘机出兵占领了旅顺、大连。1898年又强占了旅顺口、大连湾及其附近水域，还掠取了修筑中东路支线（由哈尔滨至旅大）的特权，实际上中国东北已沦为沙俄的势力范围。1900年，沙俄乘镇压义和团起义之机，派10余万军队，大举入侵中国东北，制造了极端血腥的海兰泡和江东六十四屯惨案。俄国的侵略活动引起日、英、美等国的激烈反对。1902年英国为抑制俄国在远东的扩张，与日本缔结同盟。德国为在远东牵制俄国也竭力挑唆日本对俄开战。美国也怂恿日俄开战，以期在日俄两败俱伤之际坐收渔人之利。法国则支持沙俄，反对英日联盟。在这种情况下，日俄加紧备战力图决一雌雄。

1904年2月8日夜，日本向俄军要塞旅顺口实行突然袭击，日俄战争就此爆发。这次战争的主战场在旅顺、沈阳一带，中国人民遭受了巨大灾难。虽然俄军数量远远超过日军，但它对战争准备不足，军事技术落后，后方补给线过长，战场指挥官庸碌无能，因此连吃败仗。1904年4月～8月，日本摧毁了困在旅顺港内的俄国太平洋舰队的基本力量。同时，日本陆军从朝鲜和辽东半岛顺利登陆，北攻沈阳，南困旅顺。8月下旬，日俄陆军在辽阳会战。9月4日，日军占领辽阳。8月10日，日本舰队在黄海激战中大败企图突围的俄国太平洋舰队。1905年1月2日，4.8万名俄国海陆军在旅顺口向日军投降。3月，50万俄军在35万日军进攻下节节败退，撤出沈阳。5月27日，奉命增援远东的俄国波罗的海舰队绕过好望角，航行1.8万海里后抵达对马海峡与日本海军决战。结果，俄国舰队38艘舰只除3艘突围外全部被歼。

日俄战争中俄国一败涂地，在美国调停下日俄两国于1905年9月5日缔结朴次茅斯和约，日本夺得辽东半岛和俄国的库页岛南部以及对朝鲜的实际控制权。日俄战争后，沙俄侵略势力退居中国东北北部地区。

萨拉热窝事件

第一次世界大战前夕,地中海沿岸和巴尔干地区,是欧洲列强角逐的中心地带。那里陆续发生过多次国际危机和局部战争。1913年发生的第二次巴尔干战争,加剧了那里的敌对状态,推动了波斯尼亚等地的民族解放运动。两地人民要求摆脱奥匈帝国的统治、与塞尔维亚合并,从而加剧了奥塞之间的冲突。奥塞冲突,必然导致两大军事集团——德奥意"三国同盟"与英法俄"三国协约"的冲突。这样,巴尔干就成了欧洲的"火药桶",战争一触即发。

奥匈帝国的统治者们认为,塞尔维亚朝野的反奥情绪,是对他们进行民族压迫的最大威胁,因此伺机进行镇压,并兼并塞尔维亚。1914年6月末,奥匈帝国在被它吞并的波斯尼亚,举行了一次以塞尔维亚为假想敌方的大规模军事演习。这种明目张胆的挑衅行动,激发了塞尔维亚民众的极大愤慨。他们得知:这次军事演习的指挥者——狂热的军国主义者——奥匈帝国皇太子弗兰西斯·斐迪南大公,将于演习后携妻索菲女公爵,赴萨拉热窝(波斯尼亚首府)巡视访问。他们闻讯后,决定在那里刺杀他们,以打击侵略者的嚣张气焰。他们真的这样做了,而且达到了目的。然而,他们未曾料到,这次暗杀事件竟成了第一次世界大战的导火线。

事件的经过是这样的：

为了刺杀奥匈帝国皇太子，塞尔维亚的一个军人团体制订了周密的行动计划，做了充分的准备，由7个自告奋勇的爱国青年执行暗杀计划。他们身藏短枪、炸弹及利刃，分别埋伏在皇太子车队将要经过的几处路旁，伺机行动。1914年6月28日上午10时许，斐迪南夫妇乘坐的豪华专列驶抵萨拉热窝火车站。隆重的欢迎仪式过后，斐迪南一行及前来欢迎的波斯尼亚要员们分乘6辆敞篷汽车离开车站月台，鱼贯而行，缓缓地驶向市政厅。萨拉热窝市长和警察专员，乘坐第一辆汽车在前开道；皇太子夫妇乘坐第二辆车，波斯尼亚总督坐在左侧折叠椅上，皇太子贴身侍从官则与司机并排而坐；其他随从人员和前来欢迎的官员们乘坐后4辆汽车。

当日是星期日，微风和煦，天气格外晴朗。大街上熙熙攘攘，人来人往，好不热闹。斐迪南大公头戴华丽的簪羽头盔，昂首挺胸端坐在车上。他踌躇满志，十分得意。为了制造虚假的升平景象，博得波斯尼亚人的好感，他将军队留驻在城外，轻装简从地进了萨市。但该市的保卫工作却十分马虎草率，漏洞颇多，遂为刺客们提供了极好的行刺条件。

第一个刺客埋伏在市中心的一座桥上。当车队过桥时，恰好一个警察挡住了他，使他无法下手。第二个刺客，也混在桥面的人群中。当车队驶近时，他觑准第二辆车上的皇太子夫妇，便将一颗炸弹从车左侧迎头掷去。然而，司机发现了他的举动,机灵地猛踩油门向前疾驶,使炸弹擦着车的风挡弹落于地,在第三辆车前爆炸。这颗炸弹爆炸了该车前轮轮胎,炸伤总督副手、夫人的侍女及几个旁观市民。青年刺客,掷出炸弹后迅即吞下一小瓶毒药,并转身跳下桥去。当他被保卫人员从水里捞出时,他还活着。但他咬紧牙关,强忍着剧痛,一句话也不肯回答。

  皇太子为了掩饰自己的难堪,转移人们的视线,他故作镇静,若无其事地自欺欺人地说道:"这家伙有精神病,没关系,让我们继续按预定程序进行!"车队迅速驶达市政厅,并开始举行欢迎仪式。斐迪南再也抑制不住心中的怒火,他抓住市长的一只胳膊,气急败坏大吼道:"市长先生,我……是来访问的,却被这里的人以炸弹相迎……"市长吓得浑身抖个不停,不知所措。不料斐迪南竟又平静下来,不再发作了。欢迎仪式总算草草结束。斐迪南尽管故作镇静,但适才的那场可怕的经历,使他惊魂未定,心有余悸。他未尝不想改变原定访问安排,但不便直言。于是,他问波斯尼亚总督:"你以为我们还可以继续按照原定计划访问国家博物馆吗?"不期总督竟仗着胆子答道:"完全可以。我保证再也不会发生这种卑鄙的勾当了,请殿下放心。"大公还是决定改变一下访问路线,不直接去博物馆,而是先去医院看望被炸伤者。

  于是,大公一行再次登上汽车。侍从官手按军刀站在左侧踏板上,以防不测。不料总督等人竟忘了将改变行车路线一事,告知第一辆车的司机。他驱车径直向博物馆驶去。第二辆及后面的车，也都随了过去。比及总督发现路线不对、命令司机掉头时，皇太子的车，恰好在第三个塞尔维亚刺客——19岁的爱国青年里洛·普林西比的面前停下。皇太子的车，离他不足两米之遥。这个最坚决，最勇敢的青年，毫不迟疑地扣动了手枪扳机。两颗仇恨的子弹紧跟着飞了出去。前一发射进了斐迪南的脖子，后一发则穿透了索菲的腹部。不期二人中弹后，依然正襟危坐，若无其事，只是目光略显呆滞而已。站在踏板上的侍从官惊惶失措，而反应迟钝的总督还以为皇太子夫妇平安无恙。他指挥车队开向总督府。途中，斐迪南开始口吐鲜血，经抢救无效，夫妇二人于11时接踵死去。

开枪的刺客自杀未遂，他先是用手枪自击头部，却被人抓住手臂而制止。在被警察逮捕过程中，他又迅速地吞下一小瓶毒药。但因药物毒力不强而未能致命，他后来被处死了。

奥匈帝国早就阴谋兼并塞尔维亚了。皇太子被刺一案破获后，证实系塞尔维亚人所为，这就为奥国提供了吞并塞国的绝好借口。此案震动奥匈皇朝，大臣们异口同声地要求82岁的老皇帝弗兰西斯·约瑟夫立刻发兵灭掉塞尔维亚。以陆军总参谋长为首的武臣们，更是咬牙切齿地力主发兵。约瑟夫皇帝又何尝不想趁此机会灭掉塞尔维亚呢？然而，他老谋深算，担心英、法、俄各国出兵干涉，难以招架，所以顾虑重重，不敢贸然行动。这时陆军总参谋长提醒他："德皇威廉二世不是早就向我们保证，他们将作为一个盟国和友邦，充当我们的后盾吗?"奥皇还是不放心:"你对他们的保证有把握吗?假如我们同俄国开战,他们也仍然站在我们一边吗?"原来,俄国在巴尔干享有某些利益,且与英法间订立了共同对付德奥同盟国的军事协约。这个因素确实不可忽视。

为了把握起见,奥皇约瑟夫亲笔致函德皇威廉二世,通报奥匈对塞开战的意图,请德皇明确表态支持奥方。其实,威廉二世早有通过奥匈打击塞尔维亚、借以削弱俄国在巴尔干的势力的意图。他还希望进一步打败俄、英、法各协约国,最终称霸全欧。如今接到奥皇的信,正中下怀。他当即复函表示,德意志帝国将全力支持奥匈帝国,鼓励约瑟夫"不必踟蹰",而应当机立断对塞开战。老皇帝终于决定发动侵塞战争。

7月23日,奥匈帝国向塞尔维亚政府发出了最后通牒,通牒上提出的条件极其苛刻:要求塞方取缔一切反奥组织、制止一切反奥宣传和行动,从政府和军队中清除有反奥情绪的官员和军人,由奥方派官员同塞方审判萨拉热窝暗杀事件凶手。照会要求塞方于48小时内做出明确答复。塞政府深知问题的严重性,为了尽量避免奥军入侵,塞总理在限期届满前10分钟,亲赴奥国大使馆对通牒做出答复——除最后一项实难接受的条件外,其余条件全部接受。尽管塞方做出如此难堪的让步和妥协,奥方还是借口塞方没有做出满意的答复,而悍然发动了侵略战争。2月18日,奥匈帝国正式对塞尔维亚宣战。是日深夜,奥军炮击贝尔格莱德,炸死无辜市民

5000余人。

奥塞战端一开，迅速在两大军事集团——同盟国与协约国间引起了连锁反应：俄国不能容忍奥匈帝国向巴尔干扩张，于7月30日宣布总动员，首先向奥发难。翌日，德国向俄国发出最后通牒，限其于12小时之内撤销总动员令。同日德国又照会法国政府，询问一旦德俄开战，法国是否保持中立。法国的答复是将保留行动自由，并于翌日发布总动员令。

鉴于俄国对德国的最后通牒，未予答复，并照常执行总动员令，德国于8月1日下达总动员令，并对俄宣战。8月2日，德向中立国比利时发出要求比方允许德军进入比境对法作战的最后通牒。比方果断予以拒绝。8月3日德对法宣战。8月4日德军进犯比境。同日，英国借口德国破坏比利时中立，而对德宣战。8月6日奥国对俄国宣战。至此，不到10天，欧洲各主要国家，几乎全部介入这场世界大战。

继欧洲之后，亚、非、美各洲的几个国家也相继参战。8月15日，日本政府向德国发出最后通牒，要求德国撤出它在中国和日本领海的舰队，限期一个月将胶州湾无条件地交给日本管辖。由于遭到德方拒绝，日本遂于8月23日对德宣战，旋即在山东半岛登陆，并于11月初占领青岛。同月，土耳其基于与俄英的矛盾，受德国拉拢，也加入同盟国行列。美国于1917年4月加入协约国行列。到1918年，全世界6大洲的32个国家，成为这次世界大战的交战国。主战场连接欧、亚、非三大洲。

不言而喻，第一次世界大战是19世纪与20世纪之交，世界各主要资本主义国家发展不平衡、争夺殖民地和势力范围的矛盾激化的必然结果。而奥国皇储遇刺事件，不过是大战的导火线而已。

史里芬计划

在第一次世界大战中，德国的攻击重点是法国和俄国。德军的战略计划，是早在1905年德军参谋总长阿尔弗雷德·史里芬制订的。这便是著名的"史里芬计划"，在战时由史里芬的弟子和继任者"小毛奇"（约翰内斯·毛奇，系"老毛奇"——卡尔·毛奇之侄）做了部分修改。

史里芬计划的战略思想是，采取"速决战"方针。假设德军同时在东西两线对俄法作战时，德军先在东、西两线左翼（南段）固守；集中优势兵力，在4～6周内假途比利时迂回至法军后方将其击溃，然后回师东指，与俄军交锋，在三四个月内获胜并结束战争；力求避免在两线同时作战。

制订这个战略计划的主要依据是：法国早就在法德边境构筑了众多而坚固的堡垒，正面进攻很难突破，而作为中立国的比利时其边境防卫力量和设施极其薄弱；加之比法边境并不设防，因此绕道比利时，可以轻而易举地突破德比边界，然后长驱直入法境。

大战开始时，德军70多个师由小毛奇将军指挥。1914年8月4日，德国先头部队——第一、二集团军由埃米希统率突破比利时边境，直扑要塞，企图打通进军法国的道路。

德方过高地估计了自己的力量，根本没把比利时放在眼里。埃米希以为比军会不战而降，所以便派出使者打着白旗去要塞，盛气凌人地要求守卫列日要塞的比军开关投降，让德军通过。使者傲慢地对比军指挥官勒芒将军代表说："如果贵军不予抵抗，打开要塞大门让我军通过，我们将保护你们的'军人荣誉'；假如你们拒绝这个要求，我军不得不对你们的要塞和城镇进行炮轰和空袭！"

勒芒将军的代表义正词严地谴责了德方公然违反了1907年《海牙公约》关于"中立国的领土不可侵犯"的国际公法的行径。毫无惧色地答复德军使者说："按照国王陛下旨意，我军将坚守要塞，决不投降！"

蛮横无理的要求被拒绝后，德军将领们恼羞成怒，立刻下令用大炮猛轰要塞炮台和列日镇，并派飞机投弹轰炸。随后德军便潮涌般地冲向炮台，一次接着一次，但都被比军的猛烈火力所击退。德军伤亡惨重，东西两炮台前尸体枕藉，血肉模糊。这个结果，是德军指挥者始料不及的。原来，比利时王国，虽然仅有16万军队，但列日要塞却有4万精兵据守。要塞四周矗立着12座高大的钢筋混凝土炮台，装备着装甲炮塔，塔上配备8英寸口径的大炮和重机枪，共400余件。每个炮台掘筑深达30英尺的防护壕沟。夜间探照灯不停地四下搜索，而且重炮和灯具在必要时都可降至地下，真可谓固若金汤。

由于一个炮台也没有拿下，德军改变了战术。次日深夜，德军第二集团军副参谋长鲁登道夫，亲自带领一个步兵旅，采用穿插渗透战术偷袭列日镇。他们从东西两炮台间的空虚处展开攻势逐步深入，于8月7日占领列日镇。然而列日四周的12个炮台仍在顽强抵抗，使德军无法前进。直到10日，德军费了九牛二虎之力才夺取了两个炮台。

为了尽快排除障碍，德军调来了16.5英寸的巨型攻城榴弹炮，用以轰击尚在比军手中的10个炮台。这种榴弹炮为当时德军所独有，炮弹重达1吨，射程达9英里。炮弹不仅大，而且是装有定时信管的穿甲弹，穿透射击靶物后定时爆炸，所以杀伤力甚强，威力巨大。巨炮连续轰击数日，终于摧毁了所有的炮台。8月16日德军占领列日要塞，勒芒将军受伤被俘。

德军攻克列日要塞后，旋即西指，直扑比京布鲁塞尔，并于8月20日攻陷该城。德军按"史里芬计划"分五路向法国北部挺进。

法军总司令霞飞·约瑟夫·雅克·塞泽尔将军得悉德军自北线侵入法境的消息后，竟然喜出望外。原来他想乘此机会从东北方向攻入并收回在普法战争中被普鲁士夺去的阿尔萨斯和洛林地区。根据他掌握的情报，大部分德军经比入法，而该地区仅剩下两个集团军了。于是霞飞便挥军攻入阿尔萨斯和洛林地区，进展很顺利，因而喜不自胜。霞飞压根没有料到，原来这是德军的一个计策，他们佯败后退，目的是诱敌深入，然后围而歼之。果然正当法军得意地向前推进时，突然遭到德军的伏击。由于德军势大，法军全线溃退。随后便是接二连三的失利：驰援蒙斯的英国远征军遭到德第一集团军的猛烈阻击，英军寡不敌众，业已溃退；法第三、四集团军与德第三、四集团军遭遇，血战3天，法军败退并南撤；德军前部进展顺利，进逼巴黎（距巴黎仅有15公里）……

德法开战不到10天，德军5个集团军长驱直入法国心脏地区，巴黎形势岌岌可危。法国人心惶惶，朝野惊恐万状。9月3日法国政府被迫迁往西南部的波尔多城。从8月4日至24日德法双方共投入350万兵力，伤亡者数以万计。

德军参谋总长小毛奇被胜利冲昏头脑，有些得意忘形了。他以为"史里芬计划"很快即可实现。他急于事功，分兵几路对法军展开全面进攻。然而，俄国人抓住了"史里芬计划"的弱点，于8月17日乘虚攻入德国东部，牵制了西线德军，并以优势兵力迫使德军后撤。德军被歼近万人。小毛奇不得不抽出两个军的兵力增援东线。实际上，这种新的战略布署，背离了"史里芬计划"中避免东西两线同时作战的宗旨，乱了阵脚。这样一来，德军在西线（右翼）的兵力从16个军减少到11个军，从而在数量上处于劣势。

法军虽然初战失利，节节败退，但其主力未受重创。霞飞将军敏锐地发现了德军兵力分散和不足的弱点，立即果断地重新调整兵力布局，并重新制订了作战计划。他加强了左翼西线兵力，从而使德军陷于腹背受敌的被动局面。而小毛奇远离前线，对法军的新部署，未能及时了解。9月5日德第一集团军继续孤军南下。霞飞将军认为反攻时机已到，遂下令反攻。法军第二集团军北出巴黎大营，沿马恩河东进。9月5日至9日，德法两军150多万人在马息河地区遭遇，展开激战。长达260多公里的战线，轻重大炮六七千门，炮声隆隆，烽火连天，只打得硝烟蔽日，血肉横飞。结果德军战败，全线溃退，双方暂时对峙。英军与法军组成联军也参加了这场恶战。在这次大战中，法军伤亡14万人，德军伤亡22万人。

　　马恩河一战彻底打乱了德军包围法军的计划，使德军"史里芬计划"和速决战战略彻底破产，从而扭转了整个战局。战役结束后，小毛奇不得不向德皇启奏："陛下，我们输掉了战争！"他因此于9月14日，被威廉二世撤职。

坦仑堡战役

1914年8月4日,德国按照"史里芬计划",悍然出兵大举进犯比利时,旨在假途攻法。第一次世界大战从此爆发。

战前,法国与俄国早已达成这样的协议:倘若德国首先在西线开战,即进攻法国,则俄国迅速进攻东普鲁士和奥地利,开辟东线战场,牵制德军西进,使德国腹背受敌,陷于在东、西两线同时作战的被动局面。按照这个协议,德国在西线进兵后不久,法国即敦促俄国迅速进攻东普鲁士。

俄国果真信守诺言,德军进犯比利时后,立即实施总动员。到8月中旬,已有65万俄军集结待命。参谋长吉林斯基将军,将准备投入战争的全部军队分为第一、第二两个集团军,并命令两个集团军立即向东普鲁士发起攻势。第一集团军的司令为莱宁堪普将军,第二集团军司令为萨松诺夫将军。

德国东线兵力薄弱,俄军于8月17日对东普鲁士发起进攻后,仗打得很顺利,德军连遭败绩。到8月20日,德军防线被突破,被迫向西撤退,并损失了上万人的兵力。原来,德军参谋总长小毛奇(约翰内斯·毛奇)将军,对当时的敌我形势估计不准确,因而犯了战略部署的错误。他不知俄军虚实,以为俄军尚无充分的战争准备,短时间内不会进攻德国。因此,他决定在东线采取守势,仅留只有9个师的第八集团军驻守东普鲁士;而将大部分优势兵力投入西线战场。俄军就是在客观上钻了德国人的这个空子,乘虚攻入东普鲁士,以超过德军两倍有余的优势兵力,取得这次战役初期的胜利的。

然而,遗憾的是,俄军虎头蛇尾,此后的战争便由顺转逆,直至一败涂地了。

俄军虽然在数量上占有优势,但它的给养供应毫无保证,运输工具既差又不足。因此,俄军贸然攻入东普鲁士后不久,军粮就接济不上了。士兵们饥肠辘辘,怎么会有力气去拼杀呢!俄军另一个致命弱点是两个集团军指挥官,因挟宿怨而不顾全局。他们之间非但不肯相互救应,甚至幸灾乐祸。两军驻地之间相距百余公里的事实,也表明了它们之间的不和。无疑,这百余公里空隙,有利于德军的分割两军行动。

俄军给养短缺及两集团军司令不和等情况,早已被德军上校霍夫曼所洞察。霍夫曼根据这种情况,向8月24日赶赴前线的新任第八集团军司令兴登堡将军,提出了一份颇有见地的作战计划——在战线左翼,以一小部分兵力虚张声势,与俄第一集团军周旋,不实战;将主力军集中在战线右翼,全力攻击俄第二集团军,力求全歼;然后,回过头来收拾俄第一集团军。这种打法,可以改变德军在数量上的劣势。兴登堡对这份作战计划颇为欣赏。然而,他对霍夫曼的判断——萨松诺夫被围时,莱宁堪普不会援救他——仍然不无疑虑。霍夫曼又做了进一步的解释,兴登堡最后信服了。原来,霍夫曼是一位俄国问题专家。他曾多次到过俄国,并长时间在俄国逗留,对俄国的风土人情,历史和社会现状了如指掌。他对俄国政界和军界的情况尤其留意。1905年日俄战争期间的某日,在沈阳火车站月台上,萨松诺夫与莱宁堪普发生了激烈的争吵。争吵是因萨松诺夫指责莱宁堪普在一次战役中,对他坐视不救而引起的。两人互不相让,最后竟当众扭打起来。这幕丑剧,恰好被在场的霍夫曼看个一清二楚。

兴登堡采纳了霍夫曼上校的建议,决定先打萨松诺夫,后打莱宁堪普——各个击破。然而,在德军采取行动之前,德军电台却又意外地截收到俄军的明码电报。此事又使德军长官们大惑不解——军用电报必须绝对保密,断无用明码拍发的先例!肯定是俄国人在玩弄阴谋诡计,诱骗我们上当!"——有人马上做出这样的判断。"会不会是俄国人疏忽大意了,无意中泄了密?"——有人分析到另一种可能性。"诸位:这封电报完全是真的!它既不是俄国人的什么阴谋诡计,也不是俄国人的疏忽大意。"霍夫曼斩钉截铁地说。他接着讲述了俄国军事通讯的状况:俄国野战部队之间及野战部队与总指挥部之间,都用明码电报联系,历来不搞密码通讯;更没有培训密码人员。他们甚至想不到电报会被敌方截收。他又列举了一些具体见闻,证明他的判断。于是,德军决定根据俄军电报泄露的情报,采取行动。

德军派出一个师的兵力,去牵制俄第一集团军的24个师;而第八集团军的另8个师,则迅速分两路去包抄俄第二集团军两翼。德军运动到位后，立即出动一支小部队佯攻俄军。萨松诺夫马上出兵还击。交战后不久，德军即佯败撤退。萨松诺夫误认为是德军主力被击溃，紧急请示参谋总长吉林斯基后，便倾巢出动，拼命追击德军。

俄军一直追进德军伏击圈内，才发现在两翼出现大批德军。萨松诺夫这才意识到自己中了德军诱敌之计！他惊恐万状，立即发电报向吉林斯基将军报告军情，称有遭到德军夹击的危险，请求停止追击，马上后撤。然而，远在前线三四百公里之外的吉林斯基，根本不了解前线的实际战局。他武断地认为，德军确实被击溃了，是在继续溃退；而萨松诺夫是被德军吓破了胆，因而命令萨松诺夫继续追击德军。萨松诺夫叫苦不迭，但他不敢违抗将令，只好硬着头皮向西推进。

8月26日夜，左右两翼的德军开始反击俄军。疲惫不堪的俄军，哪里抵挡得住生龙活虎般的德军呢。兵败如山倒，十几万俄军漫山遍野地狼狈溃逃。次日清晨，俄军返至坦仑堡一带。在那里严阵以待的德军，立即向俄军发起猛烈攻势。俄军大败，伤亡惨重。萨松诺夫不断地给吉林斯基和莱宁堪普发电报，请求立即支援。可是，不管他如何心急如焚，谁也不理睬他！这种结果，恰在霍夫曼意料之中。

萨松诺夫的一封封求援电报，都被德军截收了。因此，俄军的全部秘密尽在兴登堡掌心。俄军很快就被团团围住。又饥又疲、且惊且惧的俄军官兵，毫无战斗力。他们上天无路、入地无门，任凭德军杀戮捕捉。8月29日夜，萨松诺夫走投无路，自知大势已去，他踉踉跄跄地走进附近的树林里，仰天狂叫一声之后，举枪向自己的头部开了火。次日，第二集团军代司令、第十三军军长克留切夫率领残部投降德军。8月31日，部分溃散俄军又遭到德军的追歼。俄第二集团军全军覆没，战死及失踪者3万余人，被俘者9万余人；500门大炮被缴获或被击毁。

8月31日，兴登堡指挥德第八集团军主力北进因斯特尔堡，对付驻扎该地的莱宁堪普部。此时，莱宁堪普刚刚接到吉林斯基让他前去寻找业已不复存在的第二集团军"方位"的命令，尚未行动，德军即已进逼因斯特尔堡。俄军一战即溃，贪生怕死的莱宁堪普惊慌失措，丢下十几万大军，自己逃命去了。结果第一集团军伤亡14.5万人，也几乎全军覆没。

这就是坦仑堡战役，亦称东普鲁士战役。它以俄国惨败（总计损失约25万兵力），最后被逐出德境而告终。临阵脱逃的莱宁堪普，逃回俄国后被撤了职。德方的霍夫曼上校因战功卓著，晋升少将军衔，并升任德军东线参谋长；兴登堡将军于是年11月被提升为德军东线司令。

加利波利登陆

1914年8月,俄国为了策应西线的英法两国,出动两个集团军进攻东普鲁士,结果一败涂地。非但损失25万多兵力,还被德军进逼边境。德军在西线突破行动失利,马恩河战役受挫后,整个西线进入双方对峙、胶着状态。接替小毛奇的新任德军参谋总长法尔根汉,决定将战略重点向东线转移,集中兵力打击俄军,企图迫使俄国最后单独媾和。

于是,1914年末,德军和德奥联军,分北南两线向俄国的布列斯特和莱姆堡方向进军,使俄国强敌压境。1914年11月,俄国南面的土耳其奥斯曼帝国又加入了同盟国,成为俄国的近邻敌国。

鉴于上述情况,为了摆脱两面受敌的被动局面,俄国请求英国派兵进攻土耳其,作为对俄国出兵东普鲁士支持英法一举的报答。当时,英国上层决策人关于是否进攻土耳其一事的意见,并不完全一致。海军大臣丘吉尔力主进攻土耳其,报答俄国的支援。他认为,通过此举,可以控制达达尼尔海峡,从而切断德奥两国与土耳其的联系。最后,英海军部决定出动海军与法国海军组成联合舰队,攻打土耳其。

联合舰队,由18艘英国主力战舰、4艘法国战列舰及多艘各种辅助舰只组成，于1915年2月19日驶抵达尼尔海峡入口处。舰队司令英国海军上将卡登，决定在位于海峡欧洲侧的加利波利半岛登陆。

这是一个长不足百公里、宽不过20公里，布满荒山的小半岛。土耳其军队利用面对海峡的许多山脊和陡坡，构筑了一些炮台、碉堡及掩体等防御设施；同时也在山的背面，即苏夫拉湾侧构筑了一些炮台和工事。

联合舰队首先用重炮猛轰海峡侧面的土军炮台等地。土军的火炮很快被打哑了，英法登陆突击部队随即登上半岛。当他们攀越山脊、准备占领半岛时，意外地遭到山背面土军炮火突如其来的袭击。他们只好向炮火发出的方向盲目开火，军舰上的火炮也打了一阵子。然而，土军反击很顽强，无法将其火力压下去。登陆部队伤亡不小，越来越站不住脚了。最后只好退回军舰上去。这是3月3日的事。

卡登懊丧极了，他压根儿未曾预料到会遭到这么大的挫折！他再也不敢藐视土耳其军队了。他决定休整数日后，换一种方式再次进攻半岛上的土军。然而，发动第二次进攻之前，卡登却病倒了，只好委托德罗贝克上将代替他指挥这次进攻。

德罗贝克一面派出扫雷艇进入海峡，扫除土耳其安放的水雷；一面用载人气球侦察土军炮台等阵地设施的方位。至3月18日，水雷扫除殆尽，德罗贝克命令战斗舰只驶入海峡。军舰依次通过布雷区，驶进狭窄的海峡，并开炮猛轰岛上的岸炮，迅速将其击毁。

为了慎重起见，德罗贝克又命令扫雷艇再次进入危险水域扫雷；战舰随即掉转船头，再次搜寻打击目标。谁知"轰"的一声巨响，一艘法舰应声抖动起来，舰体上燃起了熊熊烈火，浓烟滚滚，不一会儿便下沉了。

德罗贝克愕然地瞪大眼睛。困惑不解地四下张望，他以为，这是没有摧毁的土军岸炮干的。于是，他又命令各舰再次向岸上猛轰一通。确实又击毁了一些残存的岸炮。军舰继续向海峡口驶去。少顷，又是几声剧烈的爆炸，3艘英舰应声沉没了。

德罗贝克这才意识到，是水雷在作祟。他下令各舰迅速撤出海峡，以避免更大损失。岂料返航途中，又有3艘英舰触雷重伤。原来联合舰队扫雷之后，狡猾的土耳其人派出一艘小艇，悄悄地在原来布雷处又放置了水雷！

英国海军部对这两次进攻严重受挫极不满意。命令联合舰队撤回，并派汉密尔顿另率一支军队，前去接续加利波利战役。这支部队是临时编组的，以澳大利亚军和新西兰军为主，此外还有一个师的法军和一支印度军队，共约8万人。

汉密尔顿对加利波利半岛的情况一无所知。他急忙搜集一点点资料，便匆匆率军出征了。他的军队，首先在加利波利半岛西南的一个小岛上集中，然后乘军舰渡海登陆。4月25日，他们到达半岛西南端海滨，旋即准备登陆作战。汉密尔顿并没有做出具体登陆安排，只是规定登陆点限定于半岛西南端两侧20英里以内，具体登陆点和滩头阵地由各部队自行选定。

当天夜里，澳、新两军开始登陆。出乎意外，登陆艇一靠岸便遭到土军炮火袭击，很多官兵被炸死或被淹死。尽管这样，他们仍然冒着炮火继续登陆。到次日晨，约1.6万官兵登上了半岛。然而，由于土军炮火猛烈，他们无法前进；土军也无法赶走他们。双方就这样对峙了四五天。

5月1日，守卫半岛的土耳其第五集团军，向澳、新军的滩头阵地发起反攻。由于联合舰队撤走后，这支8.4万人的部队迅速地加强了防御调整：在预料敌军可能登陆之处，都增加了兵力部署。所以，土军这次反击势头强劲。澳、新军也拼命还击。尽管在3天激战中，登陆部队伤亡惨重，但他们依然守住了阵地。而土军仍然控制着高地。双方又形成胶着局面，对峙了一个月。到5月末，8000多具尸体腐烂产生的臭气弥漫半岛，使双方都无法忍受，因而达成短时休战、各自掩埋阵亡者尸体的协议。然而，处理完尸体之后，双方又重新交火，重新对峙起来。这次对峙整整持续两个多月。

8月初，英国又派来10万增援部队，在半岛西北侧苏夫拉湾登陆，并发起强大攻势。土军溃退到高地待援。然而，英军获胜之后，即固守阵地，没有及时乘胜向半岛纵深推进。而土军则在这段时间内得到了增援。

英军休整一段时间后，再次向高地土军阵地发起攻势。可是，汉密尔顿并不知道，此时土军兵力已经大大增强。他以为这次稳操胜券，半岛唾手可得了。然而，结果是他意想不到的，英军遭到惨败，一个月内伤亡4万多人。汉密尔顿这个不称职的司令，被解职了。

应该说，以英国为首的协约国这几次进攻土耳其的军事行动，都具有冒险性质。既不了解土方的虚实和前线的兵力配备情况，又未预先拟定周密的并可应变的作战计划，以致造成如此严重的挫折和损失。

祸不单行——到了11月，半岛一带下起了暴雨，有一次竟连续下了一昼夜。接着又来了一场暴风雪，地面积雪达两英尺厚，气温骤降，寒冷异常。英军是夏季开上半岛的，着装单薄，哪里耐受得了如此急剧的气候变化。半岛西南端的英军和澳、新军，纷纷躲进地下坑道里或山洞里避寒。而山背面的那些官兵们几乎无处躲避严寒。同时，他们还遭到暴雨从山上冲刷下来的泥浆洪流的袭击。许多来不及躲避的官兵，都被泥流冲走溺死了。这场气候变化，使众多协约国官兵被淹死或冻死，5000余人害了冻疮。

仗无法打下去了，英国陆军部只好决定撤兵了。协约国军队从12月19日开始撤退，历时20天。由于做了周密的技术安排和严格保密，撤退搞得神不知鬼不觉，非常顺利。阵地上已经空空如也时，土军还在向那里射击呢！

加利波利战役（亦称达达尼尔战役），历时10个多月，协约国方面先后投入约50万兵力，大批军舰、军械、弹药及其他作战物资，以伤亡过半和悄悄撤退为结局。对协约国来说这显然是一场失败的战争；力主伐土的丘吉尔爵士，也因此而被解除海军大臣职务。然而，平心而论，这场战争对协约国方面，也并非徒劳无益。土耳其陆军主力,在这场战争中几乎损失殆尽,大伤元气。土方投入战争的50万兵力,是其倾国之兵,在战争中也伤亡过半。

凡尔登会战

在接近法国东北边境的默兹河上，有一座名叫凡尔登的小城。这座小城人口不到3万，在地图上要费很大的劲儿才能找到。别看凡尔登城小，但它的名气却大得很。这是因为，自古以来它就是兵家必争之地。远在公元前的罗马帝国统治时期，这里便建造了坚固的碉堡；在此后的历史上，普法两国曾多次在此展开激战。

1916年，德国新任参谋总长法尔根汉（接替小毛奇），拟定了一个称为"处决地"的行动计划，旨在在西线给法军以毁灭性的打击，然后再在东线消灭俄军。这个"处决地"就是凡尔登要塞。德国人认为，凡尔登是协约国西线的突出部，对德军威胁很大，同时又是通向巴黎的坚固据点；法国会在那里投入几乎全部兵力。如果拿下这个据点，将成为"碾碎法军的磨盘"，"使法国将血流尽"。

德军第五集团军的17个师，约27万人，是这个行动计划的执行者，装备大炮千余门，其中重炮近700门，另有飞机160余架。

殊不知法军总司令霞飞将军却忽视了凡尔登要塞。他认为，在德军的16.5英寸巨炮前，凡尔登要塞已经失去"要塞"

的作用。因而，当时守卫要塞的法军仅4个师，约10万兵力，火炮不到300门。显而易见，两军实力相当悬殊。

1916年2月21日7时15分，德军向要塞发起攻势。德军炮火极其猛烈，每小时10万发，12小时内共向凡尔登一带狭窄的三角地带发射百余万发炮弹和燃烧弹。13门16.5英寸的巨型攻城榴弹炮的吼声，更是震天动地！当时的报纸是这样描述这场炮轰的情形的："有史以来，从来没有见过这样强烈的炮火，法军第一道防线完全被浓烟烈火笼罩了，交通壕完全被摧毁，附近森林被炸光，山头完全改变了面貌……"

当天晚上，德军的6个步兵师，在10公里宽的战线上像潮水一般凶猛地向法军阵地冲去，不到一天时间就突破、占领了法军第一道防线。法军尽管在奋勇抵抗，但终究挡不住德军的强大攻势。在两天的激战中，法军万余人被俘，65门大炮被缴。

直至次日清晨，霞飞才得到德军猛攻凡尔登及法军失利的报告。霞飞大为震惊，他这才意识到凡尔登要塞不可丢失！2月23日，霞飞派总参谋长卡斯得诺前往凡尔登传抵他的命令：要不惜一切代价死守阵地！经过激烈的肉搏战之后，2月25日，德军又突破了法军第二道防线，并占领了要塞东北角的都奥蒙炮台，同时，法军阵线被德军切成数段。

2月25夜，法第二集团军司令贝当，奉调率部赶来凡尔登增援。他同时被霞飞任命为凡尔登地区司令官。贝当到达后很快即清醒地意识到情况紧急，法军有被包围的危险！他当机立断，马上给前沿部队划定一条督战线，要求将士们用生命抵挡德军前进，绝对不可退过这条督战线。法军将士严格执行命令，顽强地阻击德军。

为了及时运送援军、军火物资和给养，霞飞命令贝当抽调一支部队，在附近百姓协助下加紧抢修并拓宽一条通向后方的公路；然后调集3900辆汽车，昼夜不停地向前线运兵运货。在短短一周时间内，19万援军和2500吨军火及军用物资，沿着这条公路运达凡尔登。这条公路，后来被法国人誉为"圣路"。

当时法军提出了"决不让德军通过凡尔登"的口号，鼓励法军誓死保卫凡尔登。由于双方兵力渐趋平衡，而且攻与守的决心又都很大，所以形成势均力敌的对峙局面。尽管德军先后发动两次强大攻势，并占领了另一座炮台，然而别无重大突破性战绩。德军进攻达6个半月，但纵深推进不过7—10公里而已。显然，"处决地"行动计划难以实现了！

从10月24日开始，法军转入战略反攻，陆续夺回失地和两座炮台。德军再也无法组织强大的攻势了。12月18日，凡尔登大战结束，德军企图一举歼灭法军主力、最后迫使法军投降的"处决地"行动计划，宣告破产了。

在凡尔登战役中，法德双方参战兵力共百余个师，双方损失兵员近百万！由于这次战役伤亡空前惨重，所以人们形象地称之为"凡尔登绞肉机"。

第一次世界大战结束

第一次世界大战进行到第三个年头，1917年3月12日（俄历2月27日），俄国爆发了武装起义。起义的工人和士兵推翻了沙皇政府，逮捕了沙皇的大臣和将军，统治俄国300多年的罗曼诺夫王朝被推翻了。二月革命后，由于孟什维克和社会革命党的叛卖，政权落到了资产阶级的临时政府手中，与之并存的还有工兵代表苏维埃。这样，在俄国出现了两个政权并存的特殊局面。4月18日，临时政府宣布，保证遵守沙皇政府对协约国承担的义务，把战争进行到底。这就激怒了彼得堡的广大群众，4月20日，10万工人和士兵举行示威和游行。6月18日，彼得堡50万群众高举红旗，高呼"打倒战争！""全部政权归苏维埃"的口号，进行了声势浩大的政治示威。7月3日，临时政府在前线发动进攻惨遭失败，愤怒的群众再次举行示威游行，遭到临时政府的血腥镇压，死伤400多人。随后，临时政府又解除工人武装，逮捕革命者，封闭党的机关报，下令通缉列宁。七月事变表明，两个政权并存的局面已经结束，无产阶级必须举行武装起义，夺取社会主义革命的胜利。

1917年11月7日（俄历十月二十五日），列宁和布尔什维克党领导的彼得堡武装起义取得胜利，推翻了资产阶级临时政府，建立了世界上第一个无产阶级专政的社会主义国家。新生的苏俄政府，于11月8日第二次全俄苏维埃代表大会通过了列宁宣读的《和平法令》。苏维埃政府宣布退出战争，向各交战国提出立即进行公正的、民主的和平谈判，以实现不割地、不赔款、各民族平等的和平。苏维埃政府的和平建议遭到协约国的拒绝，因此，它只能单独与德国举行和平谈判。为了争取喘息时机，巩固新生的苏维埃政权，以列宁为首的党中央接受了德国提出的苛刻条件，于1918年3月2日签订了布列斯特—立托夫斯克和约。按照条约，德国占领了波兰、立陶宛、拉脱维亚、爱沙尼亚和白俄罗斯一部分土地，乌克兰也成为其保护国。

苏维埃俄国退出战争后，德国认为可以抓住这个时机从东线腾出手来，集中力量于西线，在美国军队调运到欧洲以前，于1918年夏天打败英法，结束战争。所以，1918年3月～7月，德国在西线发动了5次大进攻，但均遭失败。第一次进攻是从3月21日至4月4日，持续了半个月，主要目标是亚眠。德军突破了英军的两道防线，但终于被堵住。德军想截断英法军队的联系，把英军赶到海边，把法军逼到巴黎的企图破产了。协约国方面为了纠正缺乏统一指挥的问题，于4月4日任命法国将军福煦为联军总司令，实行统一指挥。这时，33万美军也赶赴欧洲作战，增强了协约国的军事力量。德军第二次进攻从4月9日开始，直到4月底，沿利斯河两岸推进。这次攻势，德军尽管前进了15至20公里，却损失了14万人。德军第三次进攻是5

月27日至6月4日，突破了法军防线，占领了斯瓦松，推进到马恩河，距巴黎仅37公里，但损失13万人，没有实现歼灭英法军的企图。德军第四次进攻是从6月9日至13日，德军企图把亚眠与马恩河两个突出地段联结起来，进而威胁巴黎，但未能成功。德军发动的第五次进攻是7月15日，两天的战斗就损失16万人。德军的5次攻势，并没有实现它的战略目标，相反却损失大量兵力和物资，力量消耗殆尽。

此后，协约国发起了多次攻势，取得了战争的主动权。7月18日，协约国军队向马恩河突出地带的德军发起进攻，把德军从这里驱逐出去。8月8日，协约国对亚眠发动进攻，全歼德国守军16个师。9月26日，协约国联军转入总攻，突破了德军防御阵地，迫使德军从法国领土上撤退。比利时军队也开始收复本国领土。至此，德军主力已经瓦解，败局已定。

在巴尔干战场上，协约国军队于9月15日发动进攻。保加利亚战败后于9月29日宣布投降。接着，土耳其也于10月30日在投降书上签字。奥匈帝国也陷于土崩瓦解。捷克斯洛伐克、南斯拉夫、波兰、匈牙利也相继宣布独立。11月3日，奥匈帝国签字投降。至此，德国已陷入绝境。9月29日，兴登堡和鲁登道夫承认德军已无力继续进行战争，唯一出路是签订停战协定。9月30日，德皇任命了以自由派巴登亲王玛克斯为总理，并有社会民主党人参加的新政府，企图以这个政府与对方谈判，以防止革命，挽救霍亨索伦王朝。但是，德国革命终于开始了。11月3日，基尔水兵全部起义。11月9日，柏林工人举行罢工和起义，推翻德意志帝国，德皇威廉二世退位。1918年11月11日，德国代表埃尔茨贝格尔同协约国联军代表福煦，在法国贡比涅森林的雷道东站签署停战协定，德国投降，第一次世界大战结束。

德国投降的第二天，苏维埃政府宣布废除布列斯特——立托夫斯克和约。

第一次世界大战是人类历史上的一次空前浩劫。它历时4年多，参战国家达33个，动员兵力7500万，阵亡1000余万，受伤2000万，受战祸波及人口超过13亿，战争造成的经济损失达2700亿美元。经过战争，不仅沙皇俄国、奥匈帝国、奥斯曼帝国和德意志帝国土崩瓦解，而且战胜国英国、法国和意大利也受到削弱。毛泽东同志指出："第一次帝国主义世界大战和第一次胜利的社会主义十月革命，改变了整个世界历史的方向，划分了整个世界历史的时代。"

平定三藩之战

清廷进入北京后，采取以汉治汉政策，大量起用明朝降将。早在清廷入关前即降清的吴三桂、孔有德、尚可喜、耿仲明4人，分别率军赴川滇、广西、广东、福建扫荡南明政权，立下汗马功劳。后来，孔有德父子在桂林战死，所封四王只剩3个，史称三藩。至清康熙元年（公元1662年），南明政权已经败亡，留吴三桂驻守云南，尚可喜驻守广东，耿继茂（耿仲明之子）驻守福建。

三藩名守封疆，均拥有相当强大的军队。特别是吴三桂，所辖部众达50万人。渐渐在云贵自成独立王国，不把清廷放在眼中。清廷一再忍让，后闻吴三桂竟有想当皇帝的野心，终于忍无可忍，下令撤除吴三桂等三藩。

吴三桂接到撤藩诏书，不禁大怒，决心举兵谋反。这年11月21日，吴三桂自称大明天下都招讨兵马大元帅，蓄发改着明代衣冠，传檄四方号召反清。吴三桂在檄文中，声称自己之所以曾当汉奸是忍辱负重，现在反清则是要复兴明朝，但对其曾弑杀南明永历帝一事，却避而不谈。12月3日，玄烨下诏削夺吴三桂的王爵，将其在京担任宿卫的儿子吴应熊下狱，但却同时驰诏闽粤，停止对耿精忠和尚可喜二王撤藩，并命各地驻军火速向湖南、四川挺进，阻止吴三桂军北上。

吴三桂反清后，命部将王屏藩由贵州北取四川，马宝由贵州指向湖南。次年1月，吴三桂得知马宝攻克沅州，又命张国柱、龚应麟、夏国相等部相继进入湖南。在吴军的强大攻势逼迫下，清湖南提督桑额自澧州逃往湖北宜昌，湖南巡抚卢震则放弃长沙。不久，常德、岳州、衡州相继落入吴军之手。清广西将军孙延龄与提督马雄、四川巡抚罗森与提督郑蛟麟、总兵谭洪、襄阳总兵杨来嘉等，皆叛清响应。短短两个月中，云、贵、川、湘及广西5省，已俱归吴三桂所有。

耿精忠听说吴三桂举兵，于3月在福州响应吴三桂，自称大明总统兵马大将军，约据台湾的郑经出兵潮惠，命部将曾养性、白显忠与马九玉各率一军北伐。耿军分路进攻浙江温州、台州、衢州、杭州、金华、绍兴和江西广信、建昌、饶州等地，迅速将福建全省及浙江、江西两省大部占领。尚可喜父子仍为清廷守广东，未参与变乱。

清康熙十三年（公元1674年）4月，蒙古察哈尔部首领布尔尼乘清军大都南下，北京空虚，兴兵响应吴三桂。不久，吴三桂的养子、陕甘右镇总兵王辅臣杀死清将莫洛，举兵宁羌，遥为吴三桂声援。玄烨命大学士图海往争布尔尼，很快将其剿灭，对王辅臣则极力劝归，终于使其回心转意。在察哈尔及陕甘局势稍告稳定后，玄烨杀死其子吴应熊，以示征讨决心。吴三桂闻知，又惊又怒，命王屏藩出四川北攻秦陇，进取山西和河北，逼向北京。然而由于王辅臣已为清廷劝归，清军在陕西方面防御加强，王屏藩进军受阻，吴三桂取道秦晋袭攻北京的计划落空。

吴三桂发起反清复明之战后，尚可喜在广东始终忠于清廷，其子尚之信欲响应吴三桂，却一直持观望态度。1675年以后，耿精忠与郑经联兵进攻广东沿海，吴三桂命马雄自广西进围肇庆，尚可喜部将祖泽清起兵叛变；尚之信遂乘机将其父幽禁起来，接受吴三桂所委任的东路招讨大将军的职衔。吴三桂认为尚之信太不可靠，命部将董重民为两广总督，马苏为广东巡抚。尚之信闻讯甚怒，与金光祖相勾结，又降清。吴三桂急遣马宝、胡国柱自湖南攻广东，尚之信军顽强抵抗，后得江西方面清军驰援，大破吴三桂军。接着，耿精忠军在浙江和福建亦屡遭清军重创，向清军乞降，交出吴三桂所赐印信。

吴三桂相继失去陕西、广东、福建三大援军之后，已无意再图北伐，只是固守湖南。1678年初，清廷调陕西精兵至湖南，连拔湘东13县，然后与岳乐军共同攻夺浏阳、平江，招降吴三桂部将林兴珠于湘潭。吴三桂恐将士离心，于这年3月在衡州称帝，建国号为周。结果却适得其反，由于取消复明口号，从此益失众心。8月，吴三桂暴死，诸将拥立其孙吴世璠继位。吴世璠不敢留居衡州，退往贵阳。清军很快收复湖南，节节进逼云贵，吴世璠又逃往昆明。次年清军终于破城而入，吴世璠服毒身亡。耿精忠与尚之信二人，一被斩首于北京，一被赐死于广州。

萨布素抗俄

萨布素（生卒不详），姓富察氏，宁古塔（今吉林农安县）人，隶满洲镶黄旗，是清初著名的爱国将领。萨布素的四世祖充顺，居住在噶哈里（今吉林延边汪清县境），膂力过人，笃好仁爱，为岳克通鄂城主。萨布素的父亲随哈纳被派往宁古塔驻防，就在这里安家落户。

萨布素少年时像其他满族少年一样，八九岁就开始练习射箭。稍长便随同族人行围打猎，驰射山林。萨布素成年后，被挑补披甲，在宁古塔城当兵。

在萨布素青少年时期，黑龙江流域受到了俄军的侵略。崇德八年（1643年），沙俄波雅科夫率兵翻越外兴安岭。顺治8年（1651年），侵略军攻占桂古达尔屯寨（在今呼玛尔以北），一次就杀死达斡尔人661名，掠去妇女和儿童361人。

顺治十年（1653年），清廷命沙尔虎达为昂邦章京，镇守宁古塔地方，以加强黑龙江流域的防务。萨布素在沙尔虎达属下披甲，不久被提拔为笔帖式（书手）。顺治十一年（1654年），沙尔虎达获取击败斯杰潘诺夫进犯的松花江之捷。第二年，沙尔虎达率船舰40余艘，在松花江口再败沙俄侵略军，俄军头目斯杰潘诺夫葬身鱼腹。萨布素随沙尔虎达屡败沙俄侵略军,并被晋升为武职正六品的骁骑校。

康熙十年(1671年),康熙帝首次东巡。他除谒陵祭祖外,还在爱新地方召见宁古塔将军。康熙十五年(1676年),宁古塔将军移驻吉林,萨布素以武职从三品的协领留守宁古塔。

康熙二十二年十月,萨布素被清廷授为黑龙江将军,受命后,即着手加强边疆防务,准备抗俄战争。

康熙二十四年(1685年)1月,经萨布素奏请清廷派都统朋春任统帅,会同萨布素收复雅克萨。

4月28日,都统朋春、将军萨布素等统领清军约3000人,分水陆两路,抵雅克萨城下,当即向俄军头目托尔布津发出用满、蒙、俄三种文字书写的咨文:要求其撤出雅克萨。托尔布津恃其城垣坚固,有兵450人,炮3门、鸟枪300支,不肯迁归。23日,朋春、萨布素等,分水陆两路,列营攻城。到25日黎明,开始发炮轰击,城垣断毁,敌不能支。26日上午,托尔布津"稽首乞降"。都统朋春、黑龙江将军萨布素等准其撤离雅克萨,后俄军回至尼布楚。

8月,托尔布津偕拜顿率俄军再次侵踞雅克萨,他们依旧址筑城。兵力增至800余人,炮11门,炮弹和榴弹157发。

1686年6月底,黑龙江将军萨布素、副都统郎坦率清军2000人,从瑷珲出发,进逼雅克萨城。俄军准备负隅顽抗。清军列阵围城,令侵略军撤离雅克萨,托儿布津不答,并鸣放枪炮,射击清军。萨布素命清军攻城,弓矢齐射,炮火轰鸣,托尔布津中弹身死。8月,萨布素命在雅克萨城的东、南、北三面，"掘长堑，立土垒，以困之"。濠外设置大桩，划界分区围困。侵略军被围困长达11个月，战死、病死很多，最后只剩下66人。雅克萨城旦夕可下。

俄国沙皇派官向清帝"乞撤雅克萨之围"，并遣使议定边界。康熙帝命萨布素撤围城兵，将清军先撤至查克丹驻扎，后分别撤至瑷珲和墨尔根驻守。

康熙二十八年（1689年），萨布素奉命随索额图等往尼布楚，同俄国代表费要多罗举行边界谈判。7月24日，缔结了《中俄尼布楚条约》，规定以外兴安岭至海、格尔必齐河与额尔古纳河为中俄两国东段边界。黑龙江以北、外兴安岭以南和乌苏里以东至海地区为清朝领土。并规定俄国自毁雅克萨城，撤回侵略军。

《尼布楚条约》签订后，萨布素率黑龙江兵顺江而下，反回瑷珲，后驻守墨尔根。

康熙三十七年（1698年），康熙帝第3次东巡，在吉林召见萨布素，授其为轻车都尉，被誉为康熙朝的"将军第一"。康熙四十年（1701年）2月，黑龙江将军萨布素被以"捏报兵丁数目，浮支仓谷"罪革任，并革去一等轻车都尉世职，在佐领上行走，寻授散秩大臣，后死。

第一次鸦片战争

清乾隆三十八年（公元1773年），英国东印度公司获得印度鸦片（鸦片乃是由一种名为罂粟的植物汁液熬炼成的毒品，吸之上瘾，严重损害人的身心健康）出口的垄断权，在印度大规模地生产鸦片，大量输入中国。清王朝早在嘉庆初年即将鸦片列为禁品，不许进口。然而英国商人无视中国法令，贿赂和勾结清朝官吏奸商，变本加厉地继续进行鸦片走私。至1835年统计，全国吸食鸦片者约在200万人以上。清廷决心彻底禁烟，并派在两湖禁烟卓有成效的湖广总督林则徐为钦差大臣，前往广东主持此事。林则徐于1839年初抵达广东后，迫使英国鸦片商交出2万余箱鸦片，将其全部销毁于虎门之外。

1839年，7月25日英国驻印度总督派遣"伏拉"号战舰驶抵香港海面，交给英国驻广州商务监督义律指挥。义律乘"伏拉"号战舰并率4艘武装货船，于7月27日进迫九龙，突然开炮轰击中国守军。清九龙水师参将赖恩爵组织反击，将敌击却。9月28日，英舰"伏拉"号突然向中国水师发动袭击，中国水师亦开炮还击，双方激战约一小时英舰始退。

1840年初，英国国会通过了对中国作战案。这年5月，由1.5万名陆海军和48艘舰船组成的英国远征军，抵达广东沿海。

7月2日，英国舰队驶抵厦门，留"卜雷海"号战舰及部分武装商船，封锁厦门海面，主力则北上舟山群岛。清定海总兵张朝发与定海县令姚怀祥等，率部与敌苦战，张朝发身负重伤被送往镇海，姚怀祥殉国，定海遂告沦陷。7月28日，英国舰队前往天津。8月1日，当其驶抵大沽口外时，再次派人向清廷递交宣战书。昏聩无能的道光帝以为若查办林则徐即可消灾，派直隶总督琦善为新任钦差大臣，赴广东视事。

9月，林则徐、邓廷桢均被革职查办，琦善代为两广总督，颜伯焘代为闽浙总督。琦善至广东后，与义律进行和谈。公元1841年初，双方在虎门外穿鼻洋签订了所谓《穿鼻草约》。其要点是：①割让香港给英国；②赔偿英国军费600万元；③开放广州为通商口岸；④英军撤出沙角、大角炮台及定海。

琦善与义律所签订的和约，清廷和英国政府均不肯承认。英国政府主要是嫌所得赔款太少。清廷则以为撤掉林则徐等人的职务，足以平息英方之怒，不料琦善竟与英方签订如此丧权辱国的条约。道光帝盛怒之下，委托御前大臣奕山为清逆将军，调集湖南、四川、贵州之兵赴广东，并命林则徐、邓廷桢亦随军行动。

1841年2月英军进袭横档、虎门两炮台。清水师提督关天培率部抵抗，苦战四昼夜殉国，英军夺取两炮台。后来又夺得凤凰台东西两炮台，随即进占珠海炮台，高悬英国旗于广州市郊。此时英国政府重新与中国开战的指令亦到香港，英军遂大举进攻广州。清军分3路，乘小舟携火药发动进攻，仅击毁英军双桅大舰一艘、舢板5只。英军将来袭的清军击溃，乘势直攻广州城，湖南、四川各军皆溃，市内各炮台相继陷落。奕山无力再战，不得已悬出白旗，派广州知府余葆纯与英军议和。英军在广州市郊大肆淫掠。广州城北三元里附近103乡人民忍无可忍，奋起反抗杀死英军百余人。英军不敢在广州久留，取得赔偿后退出广州。7月，英舰数10艘至厦门，便向青屿、仔尾屿、鼓浪屿发动进攻，相继夺取各炮台，然后继续北上。8月12日起，日夜进攻定海。清总兵王锡朋、厥国鸿与敌血战7昼夜，歼敌2000余人，先后战死。英军乘势指向宁波，未战即将其夺占。

　　1841年正月，奕径率军至绍兴，分兵反攻宁波、镇海、定海，皆被英军击退，乍浦沦陷。英军于5月1日北攻吴淞，5月11日占领上海，5月18日溯长江西上，连破福山、江阴诸要塞，6月8日夺取镇江，然后逼近南京下关方面摆开了轰城的架势。至此道光帝已吓破了胆，派耆英、伊里布、牛鉴为全权代表，赴英舰与璞鼎查议和。7月24日，双方在英舰"皋华丽"号签订了中英修好条约（即所谓《南京条约》）。按照条约规定，清廷割让香港，开放广州、厦门、福州、宁波、上海等5处为通商口岸，赔款2100万元。签约后，英舰陆续撤往定海，第一次鸦片战争结束。

关天培

关天培（1780~1841），字仲因，号滋圃。生于江苏淮安府山阳县（今江苏淮安）一个职位低微的行伍家庭。幼年家贫，青年时代投身行伍。嘉庆八年（1803年）他23岁，考取武秀才，以后担任过清政府的把总、守备等职。由于他办事干练，又有一身好武艺，他被提拔为苏松镇总兵，后来，又提升为江南提督。

19世纪30年代，英国已成为世界上最大的资本主义强国，地大物博的中国就成为他们侵略的重要目标。清政府为了加强广东沿海的防务，委派"年壮技优，通晓营务"的关天培接任广东水师提督。

虎门是由海路进入广州的必经之地，它是珠江口的咽喉要隘。从康熙年间起，到鸦片战争前，虎门一带陆续添筑了10座炮台，有大炮300门左右。关天培为了加强大炮火力，添铸了6000斤和8000斤大炮各20尊。

关天培一方面积极准备抵抗英国的武装侵略，另一方面力助林则徐查禁鸦片走私。他奉林则徐之命，曾率水师在零丁洋上截住鸦片趸船22艘，查缴鸦片2万余箱。林则徐在虎门海滩销烟，其具体的组织工作都由关天培担任。

道光十九年（1839年），有艘啷号的英国商船准备报请具结入口，进行正当的中外贸易，但是英国驻华商务监督义律却亲自率领两艘英舰在穿鼻洋海面阻拦。这天，正好是关天培亲率水师五船在穿鼻洋上巡逻，双方都摆好战斗姿态，英舰竟先行向中国水师发炮攻击。关天培义愤填膺，当即下命迎战。他挺立在桅杆前面，拔出腰刀督阵，并向水师下达命令："退者立斩"；"有击中敌船一炮者，立予重赏。"水师官兵精神振奋，人人奋勇杀敌，船上的3000斤钢炮也咚咚怒吼。经过两小时的激烈战斗，水师炮火击毁英舰士密号的舵楼及后楼，英军"纷纷滚跌入海"，"船上帆斜旗落"，狼狈而逃。这次战役，就是中英海军第一次正式交锋的穿鼻海战，它打击了英国海军的嚣张气焰，大长了中国水师的军威。

道光二十年（1840年）2月，英政府任命原印度总督懿律为侵华英军总司令、全权代表，义律为副全权代表。这年6月，懿律率领48艘舰船，装载540门大炮和4000士兵，陆续到达广东海面，封锁珠江口，鸦片战争正式爆发。英国侵略军企图从虎门进犯广州，由于林则徐、关天培在广东沿海戒备森严，军民训练有素，斗志昂扬，英军无机可乘，便转攻福建厦门。

清朝钦差大臣琦善来到广州后，为了求得侵略者退兵，一味讨好英军。他下令撤除海防，把沿海防御工事毁坏，一副奴才相，暴露无遗！关天培大骂他卖国求荣。

道光二十一年一月，英军头目义律率领炮舰20余艘，士兵2000余人，突然袭击虎门口外的第一道防线大角和沙角炮台。

经过近一天的血战，沙角炮台落入敌手。

关天培派人火速向琦善告急，被革职尚在广州的林则徐和邓廷桢也坚请"添雇壮勇，以壮声威，固守虎门炮台"。琦善才不得不派刚刚到达的贵州兵1000名，由段永福带领，增援太平墟；湖南兵900名，由祥福带领，会同粤省兵700名出守乌涌口。

25日，英舰18艘突入虎门，把下横档岛上横档、永安两炮台的守军团团围住。关天培这时只有400将士，他接连几次向广州告急。可是由于琦善一意乞和，不肯增援一兵一卒，致使关天培的水师孤军作战。

下午3时多，英舰即集中兵力攻击靖远炮台及其两侧的镇远、威远炮台。关天培和游击李廷章亲自督率守军发炮迎战。他当众宣誓："人在炮台在，不离炮台半步！"众官兵斗志昂扬，人群中"人在炮台在"的呼声震撼山岳。在鏖战中有8门大炮炮身发红炸裂，守军大半阵亡，弹药消耗将尽，关天培负伤10多处，血染衣甲，仍然坐镇靖远炮台指挥，还替代牺牲了的炮手，燃放大炮杀伤敌人，使敌人不敢靠岸；但此时突然大雨倾盆，使大炮的火门透水，大炮不能发挥作用。

关天培眼看敌人即将登岸，为了维护国家尊严，不使他的官印落入敌手，指派跟随他多年的仆人孙长庆携带印信突围送回广州省府。孙长庆在这生死别离之际，哭着请求提督一同撤退突围。关天培拔下腰刀命令长庆立即突围，长庆挥泪告别而去。

这时，夜幕已经降临，关天培手握寒光逼人的利剑，率领将士与敌人进行短兵相接的战斗。关天培的左臂被敌人砍伤，他忍痛砍杀了几个敌人，不幸飞来一发子弹打中他的胸膛，壮烈殉国，终年60岁。其他将士，也都坚持到流尽最后一滴血。在卖国贼琦善的压制和破坏下，虎门保卫战悲壮地失败了。

太平天国的杨秀清

杨秀清（1820～1856），广西桂平人。早年失去父母，随伯父种山烧炭度日。

1844年（道光二十四年）在紫荆山参加冯云山组织的"拜上帝会"，成为该会最早的骨干成员。1848年冯云山被捕，洪秀全去广东营救，"拜上帝会"一时群龙无首，面临瓦解。杨秀清及时假托天父附体，传言于会众，稳定了形势。

1851年1月11日，与洪秀全、冯云山等共同领导了金田起义。3月正式建立太平天国和太平军，杨秀清任左辅正军师，领中军主将。不久，太平军分3路从紫荆山突围，杨秀清统兵居中路，负责全盘战斗的指挥，获得成功。9月，太平军占领永安开始封王，杨秀清为东王，九千岁。他与洪秀全率宰北上，先攻取了武汉，又东进占领了金陵（江苏南京）。1853年，太平天国在金陵建都，改称天京，由杨秀清主持朝政。但杨秀清逐渐居功自傲，以致引起领导集团内部分裂。1856年1月2日，被北王韦昌辉借机杀死。1858年，洪秀全恢复了杨秀清的爵号，并把东王忌日定为"升天节"加以纪念。

杨秀清是太平天国战争的实际策创者和指挥者，曾创造过许多以少胜多的战例，赢得了数次关键性战役的胜利。其中比较著名的有永安突围战斗和一破江北、江南大营。

1851年9月25日，太平军一举占领永安。这是金田起义后夺取的第一座州城。但很快即被清军包围，与外界断绝联系达半年之久，粮草殆尽，火药亦也用完，形势严峻，杨秀清遂组织突围，将突围方向选择在城东古苏冲。因为驻守该地的清军只有千余人，团勇，战斗力不强；且该地道路崎岖，敌人易于麻痹；又据情报得悉，该地藏有火药，可用以装备自己。为保证突围顺利，杨秀清于4月1日派罗大纲部对古苏冲清军进行了一次试探性突袭，得火药10余担，在烧毁敌营后撤回，清军判断太平军不会由古苏冲方向突围，因而未对古苏冲增派兵力。4月5日，太平军全军万余人，于深夜冒雨出城，径奔古苏冲。在清军追击下，后卫损失千余人。为摆脱被动，杨秀清在大峒山设伏待敌。8日晨，清军进入伏击圈，太平军乘大雾弥漫，向清军发起攻击，伤清军总兵4人，歼参将以下兵弁约数千人，缴获大量武器和军需。由于杨秀清在这次突围战斗中，采取先打后退，走中有打的作战指导，所以取得了前所未有的胜利。清军遭此歼灭性打击后，无力再追，太平军乃得以从容北上。

太平天国定都金陵后，清王朝为阻止太平军东进、北上，在金陵南孝陵卫和江北杨州两地屯驻重兵，称江南大营和江北大营，它们一直威胁着天京的安全。1855年，太平军在西征战场转败为胜，杨秀清抓住战机，从西线抽回大军东援，企图摧毁清军江北江南大营，改善天京处境。当时，驻守天京外围重要据点——镇江的太平军，正遭清军日夜围攻。因而，击破江北江南大营的战役，首先从解除镇江之围揭开序幕。1856年初，杨秀清从皖西调陈玉成、李秀成返回天京，东进镇江。实施两面夹击，大败清军，直抵镇江。解除镇江之围后，乘胜渡江，尽破"大小清营120余座，……当即顺破扬州"，一举摧毁江北大营。

江北大营被摧毁后，杨秀清又从西征战场上调来石达开部3万余人。杨秀清采取声东击西策略，"攻其所必救"，令石达开攻击溧水，结果"向荣复分兵驰击之"，造成了天京附近清军兵少营空的有利姿态。对于杨秀清的作战部署，不少人并不理解，希望东王收回成命。但杨秀清成竹在胸，不允所请，宣布"不奉令者斩"。事实表明，杨秀清的战役指导是十分正确的，战役进展非常顺利，几天之内，将清军经营3年之久的江南大营彻底摧毁。击破江南大营后，为进一步扩大统治区，杨秀清令李秀成、陈玉成等领兵追击南逃清军，顺路攻克句容、丹阳，暂时解除了天京的肘腋之患。

第二次鸦片战争

第一次鸦片战争后,英国政府不满足只凭借《南京条约》所规定获取的巨额利益,又要求中国增开商埠,减轻洋货转输内地的税收等等,遭到清廷拒绝后又极力准备再度挑起侵略战争。

第二次鸦片战争,发端于所谓"亚罗号船事件"。"亚罗号"船是中国民间的一艘商船,为防海盗向港英政府注册。1856年9月,中国水师因其有走私嫌疑,上船检查,捕来两名海盗和10名为非作歹的水手,将所悬英旗扯下。英国驻广州领事巴夏礼乘机挑起事端,要中国方面释放人犯,并赔礼道德。清两广总督叶名琛拒绝了这一无理要求。巴夏礼与英国驻华公使包令于9月23日指挥停泊在香港的英舰炮轰广州。英舰未受任何阻碍,便顺利驶过虎门要塞,突入珠江内河,6天后进入广州。广州人民对英军的暴行无比愤慨,放火烧毁城郊3家洋行商馆,英舰被迫撤出虎门口外。

1857年12月24日,英法联军派出兵船数十艘闯入珠江内河,29日英法联军便攻破广州北门,涌进城内,俘虏了叶名琛。然后,大肆掠夺广州城内的财物。

英法联军没想到清廷下诏将叶名琛革职,命柏贵代为两广总督,准备将侵略者赶出广东。美国和俄国驻华公使乘机与英法公使勾结,知道在广东修约无望,便转往上海,请清江苏巡抚赵法辙代向清廷交递国书,要求清廷派遣使臣议和。清廷予以拒绝。4国公使立即率英舰10艘、法舰6艘、美舰3艘、俄舰1艘由上海向天津进发。4月24日,四国公使抵达大沽口,又投书直隶总督谭廷襄,请其转奏清廷,要求派钦差大臣前来议和。5月20日英法联军发动进攻,一举将大沽口炮台占领,直捣天津。清廷被逼无奈,只好又派大学士桂良、户部尚书花沙纳前往天津,于6月26日签订了中英《天津条约》和中法《天津条约》。条约的主要内容是:英法公使可以常驻北京,增开牛庄(后改营口)、登州(后改烟台)、台南、淡水、潮州(后改汕头)、琼州、汉口、九江、南京、镇江为通商口岸,扩大领事裁判权,对英赔款400万两,对法赔款200万两,修改税则等等,并规定一年后在北京交换批准书。美俄公使亦分别与清廷签订了《天津条约》,从而与英法利益均沾。

清廷签订《天津条约》后,下令加强海防,欲等来年英法代表赴京换约时,乘其不备予以痛击。至1859年6月20日,换约日期已到,英国新任驻华公使普鲁斯和法国新任驻华公使布尔布隆,分别率英舰16艘、法舰2艘到达大沽口外。清直隶总督恒福请英法公使由北塘登陆,不许带兵,英法公使为给清廷个下马威,下令再攻大沽口。僧格林沁率部反击,一举击沉英法联军兵舰4艘,重创6艘,歼敌近500人。英法联军仓皇退出大沽口，撤往上海，向本国政府请求援助。

英法两国政府决定扩大侵华战争。英国以额尔金为全权公使，使其与法使葛罗率领一支2.5万人（英军1.8万人，法军7000人）的新的联军，集结于上海。1860年4月21日，英法联军再次占领舟山群岛，清廷才感到事态严重。英法联军6月又占领山东烟台和辽东大连湾，完成了对渤海湾的封锁。8月1日，英法联军在北塘登陆，向驻在新河的僧格林沁的骑兵发动进攻，几乎将该部全歼。8月21日，大沽口诸炮台亦告失守，僧格林沁被迫撤往通州。清廷急派大学士桂良为钦差大臣，再次赶赴天津，但因对方所提条件过于苛刻，会谈破裂。9月10日，英法联军决定进犯北京，僧格林沁在通州集中马步炮兵3万余人，经过3天激战，清军伤亡惨重，节节败退，英法联军已迫近北京城下。

咸丰帝命恭亲王奕䜣留守北京，自率后妃百官于9月23日逃往热河。英法联军将京西圆明园洗劫一空，然后放火焚毁。奕䜣完全屈服于英法联军的武力威慑，分别与额尔金、葛罗签订中英《北京条约》和中法《北京条约》，同时互换《天津条约》。《北京条约》的主要内容是：一、承认《天津条约》完全有效；二、增辟天津为通商口岸；三、割让九龙给英国；四、允许英法传教士在各省租买土地，建造房屋；五、将鸦片贸易开禁，列入税则；六、英法赔款均增为800万两。11月9日，英法联军撤出北京，结束了第二次鸦片战争。

俄国公使借口其"说合"有功，亦逼迫清廷签订了中俄《北京条约》，将中国乌苏里江以东约40万平方公里土地吞并，在通商问题上也获得新的特权。美国公使同样攫取了许多特权。

谅山大捷

冯子材（1818～1903）字南干，号萃亭，广东钦州（广西钦州）人。他原是行伍出身，道光三十年（1850年）参加过刘八领导的广东天地会的反清起义，次年接受了清政府的招抚。起初，他随从向荣镇压太平天国和贵州苗民起义；后为张国梁部下。因屡建战功，同治元年升任为广西提督。

从19世纪70年代起，西方殖民主义者掀起了掠夺殖民地的高潮。光绪十一年（1885年），法国侵略军猛扑中越边境的谅山和镇南关（今友谊关）。清军前线统帅广西巡抚、淮军将领潘鼎新在李鸿章"败固不佳，胜亦从此多事"的指示下，退到镇南关以北的龙州。法军长驱直入，占领了谅山这一重要据点。广西人民义愤填膺，发出响亮的誓言："我们将用法国人的头颅，重建我们的门户！"

在这国难当头的时刻，在乡下闲居的老将冯子材按捺不住心中的忧虑，不时抚摸着自己的佩刀，多么盼望能重新横戈跃马，与侵略者血战沙场。这时，张之洞来到广西，请冯子材重新出山抗战。冯子材虽已年近七旬，欣然受命，挑起了保卫祖国南部边陲的重担。

1885年2月，老将冯子材和他所统率的队伍，雄赳赳，气昂昂地开到前线。法国侵略军炸毁镇南关后,把重兵退驻到关外30里的文渊城,准备伺机进犯。冯子材决定在关内10里的关前隘构筑防务。他指挥将士,抢时间在隘口垒起了一道长达三里半的长墙,横跨东西两岭,并在墙外挖掘长壕;又在岭顶上修建了炮台,以便居高临下,轰击进犯之敌。

法军探知冯子材已做了严密的部署,不敢正面进攻,便使用侧翼偷袭的诡计。冯子材命令西路军苏元春率军狙击,又派出中路军的一支部队直插法军的据点扣波。当法军从侧翼来犯时,立刻遭到苏元春部的迎头痛击,当法军溃逃到驻地扣波时,又被早就埋伏在那里的:"萃军"和王孝祺的"勤军"打得落花流水。接着冯子材又率军乘夜袭击了法军前哨据点文渊城。勇猛的清军一度冲进城中街心,摧毁了山头炮台中的两座。这次清军的主动出击,打得敌人晕头转向,灭了敌人的威风,长了自己的志气。

法军吃了亏,在尼格里的指挥下,从谅山倾巢而出,向镇南关猛扑。东岭上的5座炮台,被敌军攻陷了3座。冯子材在此紧急关头,激昂地向将士们大声疾呼:"如果让敌寇再闯进关内,我们有何面目回去见两广的父老!"全体将士精神抖擞,个个奋勇杀敌,誓与边墙共存亡,终于杀退了侵略军的猖狂进攻。

3月的一个黎明,法军在开花大炮的掩护下,向中路进犯,长墙有几处已被轰塌,大批的法军爬越了清军防守的壕沟。冯子材果断地下令反攻。这位老将手执长矛,一跃而出长墙。他的两个儿子相荣、相华，紧跟在后，冲进敌群。全军将士看到主帅身先士卒，大开栅门，以排山倒海之势冲向敌阵，与侵略军展开你死我活的肉搏战。冯子材挥动丈八长矛，左挑右刺大显身手。将士们勇猛杀敌，法军惊呆了，霎时阵势混乱。在两军厮杀激战中，突然，法军的阵后杀声大起，关外越南人民1000多人风驰电掣地冲杀上来，法军腹背受敌，全线崩溃，兵士丢盔弃甲，抱头鼠窜。清军乘胜追杀10多里地，毙法军1000多人，尼格里身受重伤。

为了不让敌人有喘息的机会，冯子材率领各路大军乘胜追击，斩将夺关，一举攻克了文渊城，逼近谅山，扭转了中法战争的整个战局。

3月底，冯子材统率的大军攻下了法国盘踞在越南的军事基地谅山。在战斗中，老将冯子材巧妙地运用"正兵明攻，奇兵暗袭"的战术，把配备精良的法军打得落花流水。法军前线司令尼格里身受重伤，退出谅山逃命。这次战役，就是震惊中外的镇南关——谅山大战。

镇南关—谅山大捷之后，冯子材所率大军乘胜又收复了谷松和屯梅。准备再取北宁、太原，最后直捣海阳，光复河内，把法国侵略军赶出越南。可是，清政府竟然下令前线停战，并限期撤退回国。壮心未已的冯子材老将军，只好忍痛奉诏，挥泪班师。

中法战争之后，冯子材调任云南、贵州提督，于光绪29年（1903年）病死，享年86岁。

收复新疆之战

清同治十三年（公元1874年），整个伊犁地区全为俄国侵占，驻新疆清军被压缩在哈密、巴里坤、古城子、济木萨至塔城一线，其余地方则为阿古柏所控制。

1875年2月，清廷任命左宗棠为钦差大臣，全权督办新疆军务。

1876年3月，左宗棠从兰州移驻肃州，新任迪化（今乌鲁木齐）都统金顺、广东陆路提督张曜、记名提督徐占彪等各带所部，已先期出嘉峪关西行，负责前敌总指挥的刘锦棠，亦率步骑20营随即出发。清军收复新疆北路之战遂告展开。6月初，刘锦棠派出精锐先攻克迪化外围的古牧地城，并击溃阿古柏部将马人得从迪化红庙子发动的反攻，共歼敌8000余人。接着刘锦棠猛攻迪化，迅速将其收复，歼守敌60000余人。附近昌吉、呼图壁等地守敌闻知，皆弃城南逃，只有玛纳斯仍在顽守。刘锦棠命金顺围攻玛纳斯，自率大军搜剿残敌，新疆北路遂告收复。

1877年3月初，清军刘锦棠部从迪化南下，向达坂进军。一举突入城内，歼敌2000余人，俘敌1200余人，擒获爱伊德尔呼里。爱伊德尔呼里表示愿回报阿古柏，缚送白彦虎，献南疆8城来降。刘锦棠许之,将所俘南疆官兵全部释放回原籍,命其在清军到达时或为内应,或为向导。此时,张曜与徐占彪已分道攻克七克腾木、壁展、鲁克沁等城,即将进攻吐鲁番。刘锦棠下令急速向托克逊挺进。海古拉闻讯大惊,焚粮毁城后逃走。刘锦棠进入托克逊城后,安抚城内居民,深得人心。几天后,扼守吐鲁番的马人得在清军强大攻势面前,被迫率众乞降。

1877年9月初,刘锦棠未遇任何抵抗即收复喀喇沙尔城,得知白彦虎已西逃库车,又未战进入库尔勒空城。随即逼向阿克苏城郊。11月,余虎恩、黄万鹏以何步云为内应攻克喀什噶尔,白彦虎、伯克胡里经布鲁特投奔俄国。刘锦棠率主力至叶尔羌,守敌已于前晚逃遁。刘锦棠命罗长佑搜斩余敌,命董福祥进取和阗,自己前往英吉沙尔,三日后克城。至此,南疆亦全部收复。

俄国在初入伊犁之际,曾声称等中国收复迪化与玛纳斯后便将伊犁交还中国,可是到左宗棠大军已收复迪化、玛纳斯,俄国毫无表示。到公元1878年春,整个南疆已全部收复,俄国对于交还伊犁仍无表示,并数次策动逃入俄境的白彦虎和伯克胡里率残部侵扰新疆西北边境。左宗棠下令予以反击,给入侵者以严惩,同时向俄国提出质问。俄国理屈词穷,允许清廷派使者到俄国磋商伊犁问题。然而,由于清使崇厚庸懦无能,经不住俄国代表的恐吓欺骗,擅自与俄国签订了一个条约,规定收复伊犁用500万卢布作代价,又在分界条文中割去伊犁西、南两面的土地，在通商条文之中亦添加许多新的特权。此事传到国内，朝野大哗，左宗棠更是激烈反对，决心与俄国开战。

然而，正当左宗棠誓与俄国决一死战，忽接清廷诏书要其进京。原来，大学士李鸿章认为中国的力量不宜与俄国开战，主张和平解决。这时，曾纪泽已从伦敦到达莫斯科，开始与俄国交涉，经过据理力争，总算争回许多权益，但却把收回伊犁的代价增到900万卢布。10月，左宗棠保荐刘锦棠接替自己督办新疆军务，张曜、金顺同为帮办，启程进京。

中日甲午战争

19世纪下半叶，日本实行明治维新后废藩置县，日本全国原有武士数十万人，这些人生活失去着落，倘一旦酿成变乱，日本前途将不堪设想。故而日本的政治家提出攘外安内的口号，极力鼓吹"征韩论"，即对朝鲜发动侵略。朝鲜是中国属国，日本欲侵略朝鲜，必先离间中国和朝鲜的宗属关系。

1875年，日本胁迫朝鲜签订了《江华条约》，宣布朝鲜为独立自主国。1882年6月，朝鲜发生"壬午事变"，日本乘机出兵进入朝鲜国都汉城。清廷亦应朝鲜国王李熙之请出兵，迅速平定朝鲜内乱，留提督吴长庆屯兵汉城。公元1894年4月，朝鲜全州发生东学党起义，李熙向清廷告请援兵。日本政府虽未接到李熙邀请，亦派一混成旅进入朝鲜，准备乘机独占朝鲜。中日甲午之战，即由此开始。

5月，东学党起义已被讨平，日军却赖在朝鲜不走，并向清军挑战。6月，日本舰队在丰岛海面偷袭清北洋水师"济远""广乙"两舰及"高升"轮，陆军则进攻成欢，击败清军聂士成部。清廷于7月1日宣战。这年是农历甲午年，故这次战争叫中日甲午战争。

8月初，日军第五师团1.2万人从汉城和仁川分道向平壤挺进，清北洋大臣李鸿章电令在牙山兵败的叶志超前往平壤，统率各部清军。8月15日，三路日军联合发动攻势，占领平壤城北数垒，左宝贵部被迫入城为守，给日军以重大杀伤。左宝贵退守平壤玄武门，击退日军三次突袭，不幸中炮殉国。下午2时，日军冲开玄武门，涌入平壤内城。8月21日，李鸿章命叶志超等退回国境以内，沿九连城至鸭绿江口大东沟一线重新布防。至此，清廷将整个朝鲜让给日本。

正当清军在朝鲜战场与日军作战时，清北洋水师提督丁汝昌固守旅顺口至威海卫一线。8月18日，当北洋水师完成赴朝援军护航任务，准备启航返回威海卫时，日本海军12艘战舰悬美国旗突至，摆开攻击的态势。丁汝昌命各舰起碇作迎战准备。中午12时10分，当双方相距仅有5000余米时，刘步蟾首先下令开炮，"定远"舰桥受重震突然折断，丁汝昌自舰桥上坠落负伤，从此躺在担架上继续指挥。此次大东沟海战，北洋水师计失5舰。

1894年9月22日，日军分遣佐藤支队由上游水口镇渡鸭绿江，将依克唐阿军击溃。同时，日军第一军主力在瑷河口架设浮桥三座，于9月27日拂晓用炮兵在南岸隔江轰击，掩护步兵过江，一举击溃刘盛休部，清军其他诸部相继动摇。宋庆发兵反攻虎山，被日军击退，率众北走凤凰城，将九连城丢失。日军佐藤支队夹攻安东，（今丹东）丰升阿、聂桂林部弃城退往岫岩州，清军鸭绿江防线全部瓦解。10月21

日，日军向旅顺口进击，占南关岭，过双台沟，其前锋在土城子南被徐邦道挫阻，后炮队继至，将徐知道又击回旅顺口。10月25日，日军由大连湾进逼旅顺口外围，椅子山炮台，案子山、测望台等炮台，亦相继陷落，徐邦道和诸将随乱军北撤。日军进入旅顺口后，除留下36个中国人掩埋尸体外，其余中国人一概被屠杀。

日军第二军在攻陷旅顺口之后，即奉命向山东半岛登陆。1895年初，日军从南北两路对威海卫发起总攻，经过两天的激烈战斗，除了北山咀炮台之外，威海卫南北岸炮台均为日军摧毁或夺占。此时，北洋水师尚有大小舰艇30余艘，停泊在威海卫对面的刘公岛。日本舰队司令伊东致书丁汝昌要其投降，丁汝昌未为所动。正月15日，日军从地面和海上夹攻北洋水师，"清远"舰中弹沉没，"定远"舰亦被击毁。正月17日，丁汝昌得到来自烟台的密信，知道援兵无望，而岛上弹药快要用尽，欲率余舰突围，遭到诸将反对，只好服毒自杀。四天后，北洋水师所余战舰11艘及刘公岛炮台的军资器械，全部为日军接收。

1895年3月23日，李鸿章在马关与日本方面签订了《马关条约》。该条约的要点是：一、中国承认朝鲜为自主国家；二、中国割让辽东半岛及台湾、澎湖列岛给日本；三、中国给日本军费2亿两白银，分8次交清……《马关条约》签订后，俄、德、法三国认为侵犯了自己的在华利益，立即出面干涉，各派军舰驶至日本长崎和旅顺口海面，阻止日本割据辽东半岛。日本政府迫于列强干涉,将辽东半岛归还中国,增索兵费3000万两。通过中日甲午战争,中国遭到空前沉重的打击和空前残酷的掠夺,中国已彻底沦为半封建半殖民地社会。

爱国将领丁汝昌

丁汝昌（1836～1895），字禹廷，号次章。安徽庐江丁家坎人，出身于贫苦农民家庭，10岁出外帮工，后来到一家豆腐店做学徒。太平天国西征军攻克庐江。丁汝昌入伍被编入程学启的队伍。后程学启率部叛变，丁汝昌随之编入湘军，授千总职。次年，李鸿章率淮军抵安庆，丁汝昌又随之编入淮军。从此，丁汝昌在李鸿章麾下达30余年。由于丁汝昌"剿捻有功"，清政府提拔他为总兵，加提督衔。

光绪五年（1879年），清政府决定先设北洋舰队，由北洋大臣李鸿章主办。根据李鸿章的提议，清廷派丁汝昌统率北洋海军。

北洋舰队于光绪十四年（1888年）正式成军。丁汝昌担任舰队提督，有大小舰艇40余只，为首的两艘主力铁甲舰"定远"号和"镇远"号，吨位7000吨。初步形成了我国第一代海军规模。

光绪二十年（1894年），朝鲜爆发了"东学党"领导的农民起义，应朝鲜政府的要求，清政府出兵干涉，日本政府也同时出兵，企图占领朝鲜。7月，清军增援部队乘高升号赴朝。丁汝昌派方伯谦率济远、广乙、威远三舰护航。7月25日晨，日舰吉野、浪速、秋津洲三艘快速巡洋舰，突然袭击了济远、广乙二舰。结果广乙号重伤无法再战，高升号被击沉，这就是甲午中日战争的序幕——半岛海战。

清政府在日本的军事挑衅之后，于光绪二十年（1894年）8月对日宣战。日本同时宣战。

针对日本在朝鲜不断增兵，清政府也决定增兵。光绪二十年（1894年）9月16日，丁汝昌率北洋舰队主力为赴朝清军护航，于当日午后抵达鸭绿江口的大东沟。次日上午在瞭望哨兵报告发现南方有敌舰。在定远舰上指挥的丁汝昌下令起锚迎敌。中午12点59分。双方驶近，定远舰上30厘米巨炮首先射击，一场海军史上罕见的大海战开始了。

开战不久，定远舰舰桥受震断裂，正在舰上督战的丁汝昌受重伤，丁汝昌拒绝下舱休息，仍坚持在甲板上。他的英勇行为，鼓舞了官兵的士气。海战从正午坚持打到黄昏，中国将士表现十分英勇，与敌人顽强作战。邓世昌、林永升等英雄光荣捐躯。日本舰队也多船受伤，无法再战。5点30分，日本舰队首先退出战斗，向南驶去。

这时，日本陆军在朝鲜打败了清军，向北进犯、分两路侵略我国的辽宁。先占金州，再陷大连。11月中旬，开始进攻旅顺。旅顺，是北洋舰队的又一大基地，丁汝昌亲自到天津找李鸿章，要求率队出援旅顺。李鸿章不准丁汝昌的请战要求。旅顺失守，日寇在那里展开了大屠杀。清政府不去追究李鸿章，反而归罪于丁汝昌。

旅顺失守后，北洋舰队只剩威海一座基地。丁汝昌的提督衙门，就设在刘公岛上。

日军深知威海港正面难以突破，于光绪二十一年一月下旬绕过成山角，在荣成湾登陆。他们企图从陆上绕到威海，先夺炮台，然后水陆夹击北洋舰队。

李鸿章持投降保守的对策，不许丁汝昌轻离威海一步。日本舰队司令伊东祐亨派人送来了劝降信，许以高官厚禄，劝丁汝昌投降。丁汝昌表示，决不放弃报国大义，只有用死来尽臣职。

一月底，日军开始进攻南帮炮台，日舰也从海上炮击刘公岛及北洋舰队。在敌人的两面夹击面前，丁汝昌部署了对海上敌舰的防守，同时，亲带数舰支援南帮陆军。

日军占领麾天岭炮台后，左翼司令官陆军少将大寺安纯，挟侍从多人蜂拥而上，并让日本《二六新报》记者远藤拍照留念，以显示其"战功"。丁汝昌乘舰驶近岸边，一阵排炮轰击，当场击毙大寺、远藤多人。

几天以后，南帮炮台全部丧失。守台清军有几百人被日军围困。丁汝昌亲登靖远舰驶近岸边，击退日军，使被困清军突围得救。

2月5日凌晨，日本两队鱼雷艇突然袭击北洋舰队。丁汝昌立即组织还击。将士们齐心合力，打退了敌人，但定远舰被日军击伤。第二天，日本鱼雷艇再次偷袭，击沉北洋舰队来远号第三舰，使丁汝昌处境更加困难。

日军从2月7日开始，由两帮炮台和海上的舰艇同时发炮，三面夹击北洋舰队。丁汝昌指挥部下沉着应战，以准确的炮火击伤数艘敌舰。丁汝昌还亲乘靖远舰，与日军所控陆上炮台对轰。靖远中炮，船身下沉。丁汝昌被部下救上小艇，返回刘公岛。

光绪二十一年二月十一日，丁汝昌得知山东巡抚李秉衡不仅不来援救，表示与其坐以待毙，不如鼓起残勇突围。但部下军心涣散，无人听命。一些水手、士兵、受投降派官员和洋员的挑唆，竟持刀威胁丁汝昌投降。丁汝昌宁死不降，服毒自杀。至此，北洋舰队全军覆没。

聂士成大义抗联军

聂士成（？～1900），字功亭，安徽合肥人，武童出身。同治元年（1862年）投效袁甲三军营。第二年，又随李鸿章的淮军东下，开始了他的戎马生涯。

光绪十年（1884年），法国侵略军在陆路遭到中国爱国官兵的英勇还击，随即派遣海军中将孤拔率法国远东舰队开到台湾海峡，对台湾基隆和淡水发动进攻。清政府督办台湾事和大臣刘铭传因兵单粮匮，而放弃基隆，固守淡水。刘铭传几次电请清政府救援。北洋淮军将领多畏葸不前，无人肯去。只有聂士成慷慨激昂，主动"请行"。清廷只允许聂士成带850人，乘租用的英国船威利号前往台湾，协助刘铭传抗法。光绪十一年，聂士成率军从山海关启程，在台南的卑商登陆，到达台北。

聂士成军一到，立即随刘铭传在六堵一带调度策应。扼守六堵到台北的大路，是聂士成军的战斗任务。聂士成率军"奋麾敌垒"，"每战辄胜"，取得了一系列小战役的胜利。

光绪二十六年（1900年），义和团运动在京津地区迅猛发展，八国联军乘机入侵中国，聂士成奉命率领武卫前军上前线，奋勇杀敌。

光绪二十六年六月十七日，八国联军攻陷大沽炮台，天津兵事猝起。十九日，聂士成督队固守天津，以防八国联军"闯入畿辅"。

7月5日聂士成率领武卫前军两营从天津城南迁回到紫竹林租界西南，准备与义和团和马玉昆军一起，三面进攻外国侵略者的老巢——紫竹林租界。七月六日，聂士成指挥士兵把大炮架在西南门围墙上，向租界及跑马场一带的侵略军猛烈轰击，敌人乱作一团，四处逃窜。当天夜里，聂士成挑选了100名勇士，乘船暗渡卫津河，潜至跑马场，向里面投掷手雷，炸死炸伤了许多敌人，攻占了跑马场和八里台。第2天，聂士成军又沿马场道进攻敌军据点，一直打到租界边缘的小营门一带，夺取了敌军的小营门炮台。

这时，帝国主义列强加紧调兵遣将，到7月上旬，派往中国的侵略军已达6万余人，其中到达天津的有18000多人。

7月9日凌晨，八国联军6000多人从租界出发，向天津西南郊进攻。日本侵华军司令福岛率领两千名日军担任主攻。敌人兵分两路，直扑聂士成军阵地。500多名日本骑兵气势汹汹地攻占了城南的纪家庄，他们见人就杀，见房就烧，上千名义和团战士及无辜百姓惨死在日军的屠刀之下。接着，日本骑兵沿卫津河进攻八里台。八国联军的主力直扑小营门、马场道一带。清军抵挡不住，便沿马场道一带退到八里台。八国联军狂追不舍。

聂士成得知敌人进攻八里台消息后，连夜从海光赶到八里台，重新组织兵力，坚守八里台。这时，八国联军的大队人马开始进攻八里台，日本骑兵也已迂回到聂士成军背后，完成了对聂士成军的包围。敌人"四面环击，枪炮如雨"，聂士成沉着应战，指挥将士们英勇抗击，与敌人激战两个多小时。战斗中，聂士成身先士卒，冲锋在前。他两腿被枪弹打伤，血流如注，仍忍痛骑马持刀，指挥战斗。营官上前劝他"退后稍息"。聂士成大声对众将士说："这是我战死之地，后退一步非丈夫！"说着，奋臂驱马，挥刀勇劈敌人。这时，一颗炮弹在聂士成身边炸开，聂士成的小腹被炸穿，肠出数寸。但他毫不退缩，"犹挥军前进"。见主帅如此英勇，将士们勇猛冲杀，一排排仇恨的子弹射向敌人，打退了敌人一次又一次的进攻。突然，一阵弹雨射向聂士成，他身上多处中弹。只见他顽强地挺起身子，举起战刀，高呼"忍死力战"。最后，"一弹伤胸膛始倒地"。聂士成为保卫天津，壮烈地捐躯沙场，实践了他生前的誓言："吾目未瞑，必尽吾职"。他的爱国主义精神是值得永远怀念的。

沙俄入侵东北之战

公元1900年6月，沙皇俄国在参加八国联军攻掠北京的同时，加紧策划入侵我国东北。这年7月，沙俄政府接连照会清黑龙江将军寿山，要求让数千俄军经瑷珲、齐齐哈尔至哈尔滨"护路"（护卫中东铁路）。寿山拒绝了这一侵略性要求，将所辖50营兵力（约10万人）展开在中东路沿线和边陲要地（满洲里至绥芬河）。7月13日，俄军千余人乘船由黑龙江下驶，在瑷珲附近遭到清军拦阻。7月15日，俄军百余人在两艘军舰掩护下强行渡江，又被清军击退。于是，沙俄政府便将早已集结在边境的7万大军分为5路，大举入侵。7月17日北路俄军入侵后，即开始惨杀我江东64屯居民，并焚毁瑷珲旧城。8月2日，6000名北路俄军伪装成清军，在五道河偷渡成功，后续俄军随即跟进，两天后兵力便增至1万余人，分三路攻打瑷珲。驻瑷珲的清军力不能支，弃城经兜沟子败退北大岭（即小兴安岭）。此时，清军已溃不成军，寿山派人与北路俄军媾和。北路俄军未予理睬，仍然长驱直入，8月29日又攻占齐齐哈尔。清军败退吉林省扶余，寿山自杀。

西路俄军沿中东路入侵。7月29日至30日，歼灭清军900

人，然后占领海拉尔。8月14日，西路俄军在牙克石与清军激战，清军统领保全殉国，所部溃散。8月24日，西路俄军越过大兴安岭，沿中东路南下，在齐齐哈尔与北路俄军会合。

东北路俄军自伯力乘船溯松花江上驶，寿山即命8营清军围攻沙俄"护路队"。7月26日，清军在哈尔滨五道街突遭沙俄"护路队"袭击，损兵300余人，被迫退守呼兰，在松花江北岸设防。7月28日，东北路俄军用重炮击破清军江防，攻陷依兰，清军4000人弃城逃跑。8月10日和17日，东北路俄军又相继攻下石头河，巴彦和阿城，与哈尔滨沙俄"护路队"会师。

东南路俄军侵入吉林省后，7月30日攻占珲春，8月29日攻占宁古塔，并同自齐齐哈尔南下的北路俄军合围吉林城。清吉林将军长顺开城投降。

南路俄军分海陆两路入侵，海路增援被围在大石桥（今辽宁省营口市东）的俄军，陆路沿南满铁路（中东路大连至长春段）北上，于8月初攻占熊岳、盖平（今盖州市）、营口、海城，迫使清军退守沈阳。这时，北路俄军已沿扶余、长春南犯，东路俄军从吉林向盛京（沈阳）进犯。9月28日占领辽阳，并于10月1日会同东南路俄军占领盛京。

清盛京将军增祺在盛京沦陷后，率部逃往内蒙古，俄军迅即占领东北三省，并拟沿京沈铁路南下，与八国联军中的俄军会师。后因英、日等国军队先期占领山海关，使这一企图未能得逞。沙俄政府见形势不利，于11月8日强迫增祺与之签署《奉天交地暂且章程》。其中规定：东北清军一律遣散，交出军械、拆毁炮台、营垒及火药库；俄军驻守奉天（今沈阳）等地，在此设俄国总管。这个《章程》使东北三省名存实亡。

　　清廷不承认《奉天交地暂且章程》的合法性，命驻俄公使杨儒对俄交涉。不料沙俄不仅要完全霸占东三省，而且要求在内蒙古和新疆修筑铁路、开发矿山的权利。杨儒拒绝签字。沙俄于是在清廷被迫与美、英、俄、日、德、法、意、奥、西、比、荷11国签订《辛丑条约》时，加倍向中国索取赔款，以致总额为4.5亿两白银的赔款，沙俄竟然独得1.3亿两（不算利息）。到1902年4月，沙俄迫于中国人民的反抗斗争，又害怕引起列强干涉，与清廷签订了《中俄交收东三省条约》，答应分三批撤退俄军。然而至1903年4月第二批撤兵日期将届，俄军又提出厚颜无耻的新的撤兵条件。清廷拒绝这一要挟，俄军重新占领奉天等地。这就使沙俄和日本在东三省的矛盾加剧，次年，在中国领土上爆发了日俄战争。

英军入侵西藏之战

英国殖民主义者一直企图侵夺西藏。19世纪下半叶，英国先后将尼泊尔、哲孟雄（锡金）、克什米尔、不丹纳入它的势力范围，并在哲孟雄境内的大吉岭设立军事基地，控制这个入藏的孔道。此后，英国多次派人窜入西藏，为其武装入侵做准备。

1888年3月，英军悍然向我隆吐山发起进攻，遭到当地守军坚决抵抗。不久，由于清廷畏惧英国，主张依靠谈判媾和，英国用武力没有达到的侵略目的，通过与清廷签订《中英会议藏印条约》却部分地得到实现，清廷承认原为中国属国的哲孟雄为英国保护，并以则利拉为藏哲边界，使中国失去大片领土。然而，英国并未以此为满足，继续从事把西藏从中国分裂出去的阴谋活动。

1903年12月，英国利用沙俄侵略我国东北和日、俄矛盾激化之际，对西藏发动大规模入侵。这年12月11日，英军少将麦克唐纳率领1150名英军越过则利拉山口，占领我仁进岗，继而夺取通向江孜的军事据点春丕。西藏地方军队组织反击，被仍在幻想和谈的清驻藏大臣裕刚阻止，致使英军肆无忌惮地继续深入，很快又夺取西藏重镇江孜的门户堆拉。

次年3月底，英军1300余人由堆拉出发，分三路向江孜推进。西藏地方派代表前去劝阻，要求英军撤至亚东谈判，英军未予理睬。当英军接近曲眉仙角藏军阵地时，立即采取围攻态势，命令藏军缴械投降。藏军指挥官莱丁色严词拒绝，英军遂发动进攻。由于英军火力猛烈，莱丁色及700余名藏军阵亡，余部撤向古鲁。英军追至古鲁，藏军再次奋起抵抗，终因伤亡过大，古鲁亦告丢失。

4月5日，英军从古鲁进犯江孜。西藏军民进行了坚决的斗争，尽管他们的武器落后，面对装备精良的侵略者毫无惧色，主动出击。4月13日，设在江孜宗山顶上的宗（县）政府的西藏军民，在击退英军多次进攻之后，被迫撤退，江孜沦陷。此后，藏军和民团武装近3万人发动反攻。清新任驻藏大臣有泰，对西藏军民的抗英斗争毫不支持，采取"任其战任其败"的态度，助长了英军的侵略气焰。5月上旬，英军在江孜与拉萨之间的卡罗拉得逞，但在江孜却遭到沉重打击，宗政府被藏军夺回。6月23日，英国政府从印度派出1万余人的援军，携带火炮12门、机枪数挺，经春丕抵达江孜。西藏军民顽强抗击占绝对优势的英军，终因弹尽粮竭被迫突围，向拉萨撤退。

8月3日，英军侵入拉萨，疯狂烧杀淫掠，并胁迫西藏地方政府与其签订《拉萨条约》。该条约的主要内容是：开放江孜、噶大克、亚东三地为商埠，赔偿英国军费50万英镑，自印度至江孜、拉萨的炮台和营垒一律撤除。这个条约，实际上把西藏置于英国控制之下，严重损害了中国主权。清廷未予承认，并指令驻藏大臣有泰不得签字。此后，清廷派官员同英国代表在印度加尔各答和北京先后两次谈判，虽然仍未能完全废除《拉萨条约》所规定的内容，但经过力争，规定英国"不占并藏境及不干涉西藏的一切政治"，总算使英国分裂西藏的阴谋没有得逞。1907年底，英军全部从西藏撤走。